Zé Roberto

Traumpass ins Leben

Zé Roberto

Traumpass ins Leben

Mit Gott auf der Außenbahn

Aufgezeichnet von Stephan Volke

Aktualisiert und neu bearbeitet zur
FIFA-WM 2006® in Deutschland

Brendow
VERLAG + MEDIEN

Zé Roberto dankt den Übersetzern Sonia Riemer und Alfredo Neubauer für die gute Zusammenarbeit bei diesem Projekt, und Stephan Volke für den deutschen Text und die Gesamtkonzeption des Buches.

Bibliografische Information Der Deutschen Bibliothek
Die Deutsche Bibliothek verzeichnet diese Publikation in der Deutschen Nationalbibliografie; detaillierte bibliografische Daten sind im Internet über http://dnb.ddb.de abrufbar.

5., aktualisierte und ergänzte Auflage 2006
ISBN 10 3-86506-116-8
ISBN 13 978-3-86506-116-4

Einbandgestaltung: Georg Design, Münster
Titelfoto: Ben Radford / Getty Images Sport
Satz: Satz & Medien Wieser, Stolberg
Druck und Bindung: Clausen & Bosse, Leck
Printed in Germany
www.brendow-verlag.de

Inhalt

Manchmal werden Träume wahr

Eine Fußball-Weltmeisterschaft ist immer ein Weltereignis! Ich freue mich unglaublich, dass sie 2006 in dem Land stattfindet, in dem ich seit 1998 Fußball spielen darf. Als mein Buch „Traumpass ins Leben" im Jahr 2003 zum ersten Mal erschien, habe ich noch von der WM geträumt. Jetzt jedoch rückt die Erfüllung dieses Traums immer näher. „Die Welt zu Gast bei Freunden" - ein Motto, das ich erlebe, seitdem ich in die Bundesliga gekommen bin. Ich bin überzeugt davon, dass es eine wirklich gute WM wird, ein Fußballfest der Extraklasse, an dem nicht nur die Deutschen, sondern vor allem auch die vielen Fans aus dem Ausland ihre Freude haben werden.

In diesem Buch geht es um meine Träume, die ich habe, seit ich als Kind in den Slums von São

Paulo aufgewachsen bin. Viele dieser Träume sind in Erfüllung gegangen. Jetzt fiebere ich der Fußball-Weltmeisterschaft entgegen, und der Gipfel wäre für mich natürlich, mit Brasilien Weltmeister zu werden.

Seit der Auslosung am 9. Dezember 2005 werde ich immer wieder gefragt, was ich denn von unseren Gruppengegnern halte. Ich glaube, wir haben eine gute Gruppe erwischt. Sie ist nicht unbedingt die schwerste, aber sie ist auch nicht leicht für uns. Brasilien wird nicht automatisch weiterkommen, aber ich denke, wir haben alle Voraussetzungen dafür, ins Achtelfinale einzuziehen. Und danach werden wir weitersehen.

In dieser Neuausgabe von „Traumpass ins Leben“ habe ich gegenüber der Erstausgabe einige Dinge verändert, erweitert und vor allem den Aspekt der Fußball-WM mit aufgenommen. Ich freue mich, dass ich gemeinsam mit Jorginho, der einige Jahre vor mir beim FC Bayern München gespielt hat und 1994 mit Brasilien Weltmeister geworden ist, am Schluss des Buches einige Spieler unserer Nationalmannschaft in einem Teamcheck vorstellen kann.

Fußballspieler in einer großen Mannschaft zu sein: der Traum vieler Jungen! Auch ich habe als Kind viel geträumt. Als ich am 6. Juli 1974 in Inpiranga das Licht der Welt erblickte, sah die Zukunft meiner Familie nicht gerade rosig aus. Es war ein ständiger Kampf ums Überleben. Dort, nahe den Slums von São Paulo, habe ich Fußballspielen gelernt. Barfuß, weil wir zu arm waren, um Schuhe zu kaufen. Meistens bin ich nur zur Schule gegangen, um dort Fußball zu spielen.

Als Barfuß-Kicker auf den Straßen der Favelas lernte ich das Ballgefühl, und deswegen nennen mich Fachleute und Fußballkollegen „Ball-Virtuose", „Zauberfußballer", „Samba-Fußballer" oder auch „der Vorbereiter". Sicherlich gelingt mir immer mal wieder ein Kabinettstückchen, das so in keinem Lehrbuch steht. Und natürlich macht es mir eine diebische Freude, wenn die gegnerische Abwehr durch einen meiner Pässe „Strafraum in Not" funken muss. Fußball muss Spaß machen - das habe ich schon von Kindesbeinen an gelernt.

Wenn auf spielerische Art Träume wahr werden - was gibt es Schöneres auf der Welt? Nach vier Jahren Bayer Leverkusen und 113 Bundesligaspielen bin ich zur Saison 2002/2003 zum FC Bayern München gewechselt. Damals waren die Saisonziele für den Verein klar abgesteckt: Wir wollten Deutscher Meister werden! Und am 26. April 2003 wurde dieser Traum in der Volkswagen-Arena in Wolfsburg wahr. Nach einem 2:0-Sieg über den VFL Wolfsburg war es sicher: Deutscher Meister 2003 ist der FCB! Wir hatten in dieser Saison eine dominierende Rolle gespielt und standen bereits nach dem 30. Spieltag uneinholbar an der Spitze. Dieser 18. Deutsche Meister-Titel der Bayern war zugleich mein erster.

Nach dem Schlusspfiff in Wolfsburg kam eine unglaubliche Freude in mir auf. Gleichzeitig gingen meine Gedanken auch zurück zu meiner Zeit in Leverkusen, in der ich zum ersten Mal die deutsche Bundesliga kennen lernen durfte, um schließlich in der Saison 2001/2002 in einer Super-Mannschaft Traumfußball zu zelebrieren. Doch was nützen der schönste Fußball, die besten Pässe, die trickreichsten Dribblings und die künstlerischsten Flanken, wenn am Ende wieder nur „Vize" auf der Fahne steht?

2003 gewann ich mit den Bayern auch noch den Deutschen Pokal. Da war mein etwas holpriger Start in München endgültig vergessen. Inzwischen habe ich mich dort nicht nur gut eingelebt, sondern gehöre auch zum Kern der Mannschaft. Als wir 2005 wieder das Double schafften, war ich sehr glücklich. In all den Jahren vorher war es mir nicht vergönnt gewesen, irgendeinen Titel zu holen. Mit Bayern München aber fuhren wir gleich vier Titel in zwei Jahren ein!

Beide Meisterschaften und Pokalsiege waren sehr ähnlich. Ich kann daher nicht genau sagen, welcher der Titel für mich der bisher wichtigste war. Der erste Deutsche Meister-Titel war schon etwas ganz Besonderes: Nach einem Vereinswechsel mit dem neuen Verein gleich am Ende der ersten Saison die runde Schale küssen zu dürfen, das ist ein irres Gefühl! Aber den Pokal habe ich auch äußerst gerne in meine Arme geschlossen. Schließlich waren wir im Vorjahr mit Leverkusen an beiden Titeln extrem dicht dran gewesen und haben trotzdem keinen in Empfang nehmen dürfen. Ich bin dankbar für die bisherige Zeit bei Bayern München.

Wenn ein Junge aus den Armenvierteln von São Paulo einen solchen Lebensweg einschlagen kann wie ich, dann hat das mit Glück, Zufall oder guten Fügungen wenig zu tun. So wie ich meine fußballerischen Fähigkeiten als Geschenk Gottes ansehe, so bin ich auch überzeugt, dass ich Gott für diese sportlichen Erfolge zu danken habe. Wer Interviews mit mir gelesen hat, der hat bereits gemerkt, dass es für mich mehr zwischen Himmel und Erde gibt als nur ein rundes Leder. Auch davon will ich in diesem Buch erzählen.

Der Titel „Traumpass ins Leben" ist doppeldeutig zu verstehen. Natürlich lege ich ein Spiel auf der Außenbahn so an, dass mir „traumhafte Pässe" gelingen. Wenn ich dadurch andere gut ins Spiel bringen kann und sie die Tore schießen, fühle ich mich fast genauso gut, als ob ich das Tor selbst geschossen hätte. Ich möchte auf den folgenden Seiten einiges über meine Art Fußball zu spielen weitergeben.

„Traumpass ins Leben" will aber mehr. Es soll deutlich machen, dass es nicht immer nur auf die Vorlage ankommt, die einer für sein Leben bekommt. Meine war nämlich in der Kindheit nicht gerade traumhaft, sondern ziemlich „vergurkt". Auch davon erzähle ich in diesem Buch. Ich möchte hier für meine vielen Fans, denen ich immer wieder vor und nach den Spielen begegne, die mich um Autogramme bitten oder mir einfach kurz auf die Schulter klopfen, mein eigenes Leben öffnen. Es tut gut, viele Fans zu haben! Wo es geht, nehme ich mir Zeit für die „kleinen Begegnungen am Spielfeldrand".

In „Traumpass ins Leben" werde ich aber auch Einblicke in meine Gedanken neben dem Fußballplatz zulassen. Dabei setze ich auf Ehrlichkeit und Offenheit. Es geht mir nicht um Sensation und Aufsehen erregende, scheinbare Enthüllungen. Es gibt von mir keine halbseidenen Fotos und keine versteckten Tattoos zu sehen. Stattdessen möchte ich hier erzählen, was meine Herzenssache ist.

Ich wünsche mir, dass diese „Inneneinsichten von der Außenbahn“ deutlich machen, was mich als Fußballer und als Mensch immer wieder in Bewegung hält. Ich erzähle von Höhen und Tiefen, von Traumpässen und Fehlpässen, von meiner Familie, meiner Kindheit, von der bezauberndsten Frau meines Lebens und von zwei kleinen Wesen, die mein Leben verändert haben. Natürlich bringen die nächsten Seiten auch jede Menge Gedanken über ein rundes Leder, das nichts dagegen hat, wenn ich es mit sehr viel Gefühl und wohl dosierter Power über den grünen Rasen trete und es schließlich wie ein gefangener Fisch im Netz zappelt …

Also willkommen in meiner Welt!

Kindheitsträume und Albträume

Ich denke oft an meine Kindheit zurück. Gerade in den Momenten, in denen wir Siege feiern, erinnere ich mich daran, wie es früher war, als ich noch in unmittelbarer Nähe der Favelas vor der brasilianischen Großstadt São Paulo mit vielen anderen Kindern gegen alles getreten habe, das sich zu einem Ball umfunktionieren ließ. Es war äußerst schwierig für uns, auf der Straße mit einem richtigen Ball zu spielen, weil es fast unmöglich war, überhaupt an einen vernünftigen Ball ranzukommen. Wir hatten oft nur kaputte Bälle oder mussten uns selbst welche aus irgendwelchen Materialien zusammenflicken. Damals habe ich oft davon geträumt, es käme jemand vorbei und würde uns fußballverrückten Kids einfach mal einen Ball schenken. So einen richtigen aus Leder, dem nicht nach den ersten fünf Tritten die Luft ausgeht. Mein erster Ball war übrigens aus Papier und hielt nicht einmal bis zum Abpfiff.

Manchmal schaue ich in ungläubige Gesichter, wenn ich erzähle, wie wir als Kinder gelebt haben. Ich glaube, dass sich Europäer nur schwer vorstellen können, wie sich das Leben in den Favelas abspielt. Es hat nämlich mit der europäischen Lebensart nicht das Geringste zu tun. Leben in den Favelas, das heißt für viele Menschen dort, dass sie nicht wissen, ob sie die nächste Nacht überleben werden. Es ist ein Leben voller Unannehmlichkeiten, und gerade die Kinder werden von einer Ecke in die andere geschubst. Es gibt unglaublich viel Kriminalität, und den Kampf ums Überleben haben selbst kleinste Kinder schnell gelernt. Banden spezialisieren sich aufs Ausrauben von Touristen, die meinen, sie müssten auch mal „den Abstieg in die arme Welt" wagen. Doch das tun viele nur einmal in ihrem Leben.

Es wird mit Drogen gedealt, um ans große Geld zu kommen. Jeden Tag könnte die Polizei Sonderschichten fahren, um die Kriminalität zumindest etwas einzudämmen. Für viele Familien wird das zu einem Teufelskreis. Einmal Dieb, immer Dieb. Es ist nicht einfach, die guten Seiten des Lebens zu erkennen, wenn der Magen knurrt.

In diesen Gegenden sind viele Familien völlig zerrüttet. Selbst im engsten Familienkreis geht es oft nur darum, wer diesmal etwas zu essen bekommt oder wer bis zum nächsten Tag warten muss. Kinder in den Favelas haben es extrem schwer. Die Zukunftsaussichten sehen so aus: Zu 90 Prozent wird man kriminell, weil fast alle kriminell sind.

Und dann kommt noch die unmittelbare Nähe zur Großstadt hinzu. Wobei Vergleiche mit Köln, Hamburg oder München hier nicht passen. São Paulo hat heute etwa 16,6 Millionen Einwohner, das sind fast zehn Prozent der Gesamtbevölkerung Brasiliens. São Paulo ist gigantisch! Nach Tokio und Mexiko City ist sie die drittgrößte Stadt der Welt. Ein Schmelztiegel, in dem es Tag und Nacht brodelt, aber auch ein Touristenmagnet. Viele lieben die Faszination des Gigantischen. Für mich allerdings war die Stadt früher nur wichtig, weil es dort mehrere Fußballvereine gab, für die ich irgendwann einmal spielen wollte.

Ich bin in São Miguel Paulista aufgewachsen, einem sehr armen Stadtteil im Ostviertel von São Paulo. Es war nicht direkt in den Slums, aber doch ziemlich dicht dabei. Der Alltagskampf ließ mir nicht viel Zeit zum Träumen, aber der Fußball animierte mich doch immer wieder dazu. Zu dieser Zeit musste ich ständig um meine Ideale und Träume kämpfen. Ich habe davon geträumt, meiner Mutter ein besseres Leben ermöglichen zu können. Ich habe davon geträumt, selbst ein besseres Leben führen zu können und irgendwann einmal eine eigene Familie zu haben. Und natürlich habe ich davon geträumt, eines Tages Profi-Fußballer zu werden! Wer mich heute auf der linken Außenbahn über den Platz fegen sieht und mich privat etwas kennen gelernt hat, der weiß: Alle diese Träume sind in Erfüllung gegangen!

Bevor ich jetzt aber aushole und den Weg bis dahin beschreibe, möchte ich noch ein wenig über mein Land erzählen.

Brasilien - für viele Menschen das Land ihrer Träume! Sie stellen sich die Copa Cabana vor, Rio de Janeiro oder unendliche Regenwälder. Doch es gibt auch eine andere Seite. Die Geschichte des Landes ist sehr leidvoll. Es ist ein ständiges Auf und Ab zwischen Verarmung und brasilianischem Wirtschaftswunder. Letzteres gab es in den Jahren von 1968 bis 1973 tatsächlich, aber als ich am 6. Juli 1974 als José Roberto da Silva Junior zur Welt kam, hatte meine Familie von diesen positiven wirtschaftlichen Entwicklungen immer noch nichts mitbekommen.

Das Leben bei uns zu Hause war einfach und beschwerlich. Neben meinen Eltern und mir lebten noch fünf Geschwister in unserer äußerst bescheidenen Wohnung, dazu noch drei Neffen. Ich musste mit drei anderen Personen in einem Zimmer wohnen. Aber das war nicht so schlimm, die meiste Zeit lebte ich ja ohnehin auf der Straße. Es war extrem schwierig, eine bezahlte Tätigkeit zu finden. Ich kann mich daran erinnern, dass meine Mutter immer arbeitete. Nachdem unser Vater eines Tages das Weite gesucht hatte, stand sie ganz alleine da. Sie hatte ihre liebe Not, genügend Nahrung für so viele hungrige Mäuler herbeizuschaffen. Zeitweise hatte sie zwei bis drei Jobs nebeneinander.

Wie gesagt, unsere Wohnung war ziemlich klein, und so blieb mir und meinen Geschwistern gar nichts anderes übrig, als auf der Straße aufzuwachsen. Es gibt keine Bilder aus dieser Zeit, denn für einen Fotoapparat hatten wir natürlich kein Geld. Wer aber wissen will, wie unser Haus damals aussah, der stelle sich eine etwas größere dieser Blechhütten vor, wie sie hier in Deutschland für Gartengeräte benutzt werden. In das Blech waren ein paar Fenster reingeschnitten, und das Dach war ein bisschen löcherig. Bei Regen war es daher egal, ob man draußen oder drinnen war, nass wurde man in jedem Fall …

Meine Geschwister heißen Ailton, Robson, Carlos Roberto (bitte in dieser Reihenfolge!), Andréia und Rejane. Trotz unserer Armut kann ich nicht sagen, dass ich eine unglückliche Kindheit erlebte, denn auf den Straßen war immer etwas los. Wir spielten Fußball oder bastelten uns aus irgendwelchen Materialien Drachen oder anderes Spielzeug.

Ich ging nicht gerne zur Schule, mich interessierte nur Fußball. Das Lernen von Lesen, Schreiben, Rechnen fand ich nicht halb so spannend wie das Erlernen der neuesten Tricks und das Training von genauen Flanken. Die schönsten Schultage waren die, an denen wir Sportunterricht hatten, denn dann wurde auch in der Schule Fußball gespielt. Was allerdings an der Schule ganz angenehm war: Es gab oft etwas zu essen! Und weil wir zu Hause nicht so viel hatten, füllte ich mir dort den Magen.

Unsere Mutter legte uns immer ein wenig Geld hin, bevor sie zur Arbeit ging. Das reichte dann für ein Brot und ein Ei. Aber ein Junge, der im Wachstum ist, braucht natürlich etwas mehr zum Sattwerden. Und dafür sorgte die Schule. Also gingen wir – wenn auch oft widerwillig – hin, weil es dort zwei

Dinge gab, die für mein Überleben sorgten: Essen und Fußball!

Wir haben trotz allem immer viel Spaß gehabt, vor allem mit meinem Bruder Ailton, den wir einfach „Kiko“ nannten. Gemeinsam mit ihm und unserem Freund Tinho (der für uns wie ein Bruder ist) gingen wir am Wochenende zur Fußballschule Pequeninos do Joquey. Wir waren dort Mitglieder und konnten da immer üben. Um zum Trainingsplatz zu kommen, mussten wir mit zwei Buslinien und einer U-Bahn nach São Paulo reinfahren. Unsere Mutter hatte immer Schwierigkeiten, das Geld für die eigentlich billige Busfahrt zusammenzukratzen. An einem Samstagnachmittag - São Paulo war mit Menschen überfüllt, wie das immer am Wochenende ist - schafften wir es gerade noch, den letzten Bus zu erreichen. Tinho hatte das Geld für die Fahrkarte unter seinen Sportklamotten in der Tasche vergraben. Wir waren damals ungefähr elf oder zwölf Jahre alt und besaßen ganz einfache Klamotten, die wir meistens von anderen Leuten bekommen hatten. In Tinhos Sporttasche waren also seine Fußballschuhe, die schmutzigen Fußballsachen und einiger Krimskrams. Wir waren mitten in der überfüllten Innenstadt. Um an das Fahrgeld zu kommen, kippte

Tinho den Inhalt seiner Tasche einfach auf den Boden. Die Sportsachen waren extrem dreckig, und die Leute, die uns sahen, dachten sicherlich, dass wir Bettler wären. Plötzlich kam ein Passant auf uns zu und warf Tinho ein paar Münzen in die Tasche.

Wir lachen noch heute über die Situation. Mitten in São Paulo mit einem Haufen dreckiger Fußballsachen um uns herum ... So schnell wird man zum Bettler!

Es gibt noch andere gute Freunde aus meiner Jugendzeit. Viele von ihnen haben es geschafft, eine Arbeit zu finden, und wenn ich während der spielfreien Zeit in Brasilien bin, treffen wir uns zum ausgedehnten Reden. Ich glaube, viele meiner Freunde sehen in mir heute noch denselben Zé Roberto, der ich damals war. Mein Spitzname war früher „Cá". Ich denke, sie akzeptieren mich heute nicht nur als Zé Roberto, sondern immer noch als den Cá, der mit ihnen gelebt und gespielt hat. Es ist ihnen völlig egal, ob ich ein bekannter Fußballspieler bin oder nicht. Wenn ich es irgendwie einrichten kann, treffe ich mich im Urlaub mit Freunden von damals. Wir finden dann immer ein bisschen Zeit, um ein „Churrasco" (Grillfete) veranstalten zu können. Dabei wird dann auch viel von „vergangenen Tagen" erzählt, und alte Erlebnisse aus der Kindheit werden ausgegraben. Es macht einfach Spaß, mit guten und alten Freunden zusammen zu sein.

Mein Bruder Robson hat für uns damals immer Fußballspiele mit anderen Mannschaften vereinbart. Wie schon erwähnt, war es bei uns zu dieser Zeit unheimlich schwer, einen Plastikball zu ergattern. Wir spielten grundsätzlich mit kaputten Bällen. Und wenn wir dann mal einen halbwegs guten Ball hatten und der zufällig in Nachbars Garten landete, kam es auch schon mal vor, dass sie ihn dann aus reiner Wut kaputtstachen. Wer so etwas in seiner Kindheit mehrmals erlebt hat, der sieht zu, dass die Flanken beim nächsten Mal ankommen ...

Mein Bruder wusste, dass unsere Mannschaft sehr gut spielte, daher schloss er bei den kleinen Turnieren immer Wetten auf uns ab. Wir gewannen fast immer, weil wir einfach gut waren. Aber wie Brüder manchmal so sind ... Er gab uns von dem gewonnenen Geld nichts ab! Nach erfolgreichen Spielen kaufte er uns höchstens mal einen Lutscher oder spendierte uns - sehr großzügig! - eine Limonade. Das war's. Heute können wir darüber auch lachen.

Trotz der schweren Zeit zu Hause kann ich rückblickend sagen, dass wir eine wirklich schöne Kindheit hatten.

Wir mussten uns als Teenies so durchschlagen und haben verschiedene Jobs ausgeübt. Einmal war ich mit einem Freund aus den Favelas unterwegs, um Arbeit zu suchen. Irgendwann hatten wir keine Lust mehr, zu Fuß zu gehen, und schmuggelten uns in einen Bus. In Brasilien war es zu der Zeit so, dass man hinten in den Bus einsteigen und dann durch ein Rondell gehen musste, um vorne beim Fahrer zu bezahlen. Wir hielten uns an der Tür auf. An der nächsten Haltestelle - so hatten wir vorher ausgemacht - würden wir den Bus schnell verlassen, wenn jemand einsteigen wollte. Gesagt - getan! Ich war schnell draußen, aber als mein Freund gerade hinauswollte, merkte der Fahrer, was wir vorhatten, und schloss einfach die Tür. Mein Freund blieb mit einem Fuß in der Tür hängen. Der Busfahrer wollte uns offensichtlich eine Lektion erteilen und fuhr einfach langsam los. Mein Freund hüpfte auf einem Bein neben dem anfahrenden Bus her, bis er schließlich seinen Fuß frei strampeln konnte und nach etwa zehn Metern auf den Bürgersteig purzelte. Es sah so lustig aus, dass ich mich halb tot gelacht habe. Ich fragte ihn, ob wir dieses kleine Buserlebnis nicht bei unseren Kameraden zum Besten geben sollten, aber er wollte das auf keinen Fall. Verständlich. Ich glaube, in den Favelas würde sonst noch heute über uns gelacht!

Andere Erlebnisse aus meiner Kindheit sind allerdings nicht so spaßig.

In Europa werden viele Kinder von ihren Eltern gefördert. Die Väter gehen mit auf den Fußballplatz, wenn ihr Nachwuchs spielt, und feuern sie während der Spiele an. Die ersten Schuhe kauft Papa, und das Trikot mit der entsprechenden Farbe des Lieblingsvereins oder der Rückennummer des geliebten Stars liegt an Weihnachten unter dem Baum. Davon hätte ich nie zu träumen gewagt, denn dazu fehlte mir wirklich die Vorstellungskraft.

Eine richtige Beziehung zu meinem Vater hatte ich eigentlich nie. Als ich noch klein war, hat er mich zumindest zur Kenntnis genommen. Er hatte nie viel Kontakt mit uns Kindern und schenkte uns keine besondere Aufmerksamkeit, denn wir waren ihm nicht halb so wichtig wie der Alkohol. Und davon nahm er kräftig zu sich. Leider hatte das zur Folge, dass er ständig betrunken war. Wenn er von seinen Sauftouren nach Hause kam, fing er jedes Mal einen heftigen Streit mit unserer Mutter an.

Das war in unserer Wohngegend nicht üblich. Ich habe in unserem Umfeld selten von Vätern gehört, die ständig betrunken waren. Deshalb war ich als Kind sehr traurig, denn ich hätte gerne einen Vater gehabt, der sich auch um uns kümmerte. Er hat mir richtig gefehlt! Heute versuche ich übrigens, für meinen Sohn ein Vater zu sein, wie ich ihn mir gewünscht hätte. Leider habe ich als Profifußballer nicht sehr viel Zeit, denn wir haben neben den Spielen immer auch Verpflichtungen von Seiten des Vereins zu erfüllen. Aber ich versuche, so viel Zeit wie nur irgend möglich mit meiner Familie zu verbringen und für meinen Sohn ein guter Vater zu sein, einer, der sich wirklich um ihn kümmert.

Als ich ungefähr 13 Jahre alt war, hat mein Vater unsere Familie verlassen. Meine Mutter stand plötzlich ganz alleine da. Wir konnten das zunächst überhaupt nicht begreifen. Alle in der Familie waren total geschockt. Wie sollte es nun weitergehen? Wenn wir nicht eine so starke Mutter gehabt hätten, ich weiß nicht, wo wir gelandet wären.

Nachdem unser Vater sich also verflüchtigt hatte, meinte ich, selbst für mich sorgen zu müssen. Ich kam in Kontakt mit einigen Jungs, die in einer Gang waren. Sie waren gut im kostenlosen Besorgen aller möglichen Dinge, die ihnen nicht gehörten. Und auch ich habe ab und zu in Supermärkten Süßigkeiten und andere Kleinigkeiten in meinen Hosentaschen verschwinden lassen. Wenn wir erwischt wurden, dann kam es nur noch auf eines an: Wer konnte aus dem Stand die nächsten hundert Meter in Bestzeit sprinten? Vielleicht habe ich meine Lauffähigkeiten aus dieser Zeit mitgebracht, in der wir in jeder Beziehung für unser Überleben sorgen mussten.

Bei mir blieb es beim „kleineren Mundraub", aber meine Kumpel aus der damaligen Clique dealten auch mit Drogen. Zwei meiner Freunde wurden brutal getötet. Sie hatten sich auf Drogen eingelassen und mehrere Diebstähle begangen. Als ich davon hörte, war das ein großer Schock für mich, aber - Gott sei Dank! - ein sehr heilsamer. Ich hatte immer gehofft, dass sie von dieser Gang loskommen und eines Tages einen anderen Weg einschlagen würden. Leider wurde das nie Wirklichkeit, weil sie erschossen wurden. Ich hatte eine sehr enge Beziehung zu ihnen. Das Eigenartige daran war, dass diese beiden Freunde eigentlich in besseren Verhältnissen aufwuchsen als ich. Ihre Eltern waren zusammen, und die Familie führte ein intaktes Leben.

Mein Vater hatte uns ja verlassen, aber ihr Vater kümmerte sich um sie.

Nach dem Tod meiner Freunde fing ich an, über mein Leben nachzudenken und bewusst etwas zu verändern. Einen großen Anteil daran hatte auch meine Mutter, aber das werde ich im Einzelnen später noch erzählen. Sie hat sich krumm gelegt, damit ich Fußball spielen konnte. Daher kann ich heute ohne Übertreibung sagen: Wenn meine Mutter nicht gewesen wäre, wäre ich nie Fußball-Profi geworden! Sie ist eine außergewöhnliche Frau.

Wenn ich alle Eigenschaften meiner Mutter beschreiben sollte, würde dieses Buch bei weitem nicht ausreichen. Sie hat unsere Familie durch viele Schwierigkeiten geführt, nachdem unser Vater uns verlassen hatte. Denn da war für sie klar, dass sie nicht darauf hoffen konnte, dass sich jemand anderes um unsere Familic kümmern würde. Sie hatte oft mehrere Jobs nebeneinander, um uns versorgen zu können. Auch stand sie immer wieder vor verschlossenen Türen und musste neue Wege finden, um uns alle gut durchzubringen. Sie hatte den entscheidenden Einfluss auf mich, dass ich nicht kriminell wurde wie so viele meiner Freunde. Sie war und ist ein Vorbild für mich. Nachdem unser Vater die Familie verlassen hatte, hat sie sich nicht - wie viele andere Frauen in unserem Viertel - sofort einen „neuen Mann gesucht“. Sie strebte immer danach, uns Kindern ein besseres Leben zu ermöglichen. Heute kann sie von sich behaupten, dass sie das mit Bravour geschafft hat. Meine Schwester Andréia ist verheiratet und arbeitet als Krankenpflegehelferin, einer meiner älteren Brüder ist Börsenmakler in São Paulo, ein anderer arbeitet beim Sicherheitsdienst einer Firma, und einer lebt noch bei ihr zu Hause. Leider ist meine Schwester Rejane vor einigen Jahren bei der Geburt ihres Kindes gestorben.

Als ich noch ein Kind war, hat meine Mutter mir immer Mut gemacht. Nach schlechten Spielen fand ich bei ihr immer ein offenes Ohr. Sie trieb irgendwie das Geld auf - manchmal verkaufte sie sogar persönliche Habseligkeiten -, damit ich mit dem Bus zum Training fahren konnte. Wenn sie das nicht für mich getan hätte, würde ich heute vielleicht ganz anders mein Geld verdienen müssen. Als Jugendlicher habe ich mal als Bürobote gearbeitet. Vorher hatte ich Müllsäcke an Türen verkauft oder Spielzeug gebastelt, das ich auf einem Markt verkaufte.

Als ich als Teenager in dem Verein Pequenios do Joquey spielte, haben wir immer wieder an Meisterschaften teilgenommen. In vielen Ortschaften Brasiliens gab es solche Kinderturniere. Weil unser Verein gute Spieler hatte, gewannen wir auch oft. Damals hatte ich übrigens meine erste Begegnung mit Europa, denn wir nahmen zweimal an Turnieren in Schweden, Dänemark und Finnland teil. 1987 und 1990 holten wir dort einige Pokale. Wenn ich heute darüber nachdenke, kann ich es eigentlich gar nicht richtig begreifen, dass ein Junge wie ich damals mit einer Fußballmannschaft nach Europa fliegen durfte, um an Jugendturnieren teilzunehmen. Eigentlich hatte ich ja keine Chance, aus meinem Wohnviertel wegzukommen, aber der Fußball hat es möglich gemacht, dass ich als Jugendlicher nach Europa fliegen konnte! Das ist doch unglaublich, oder? Es war eine sehr schöne Zeit, an die ich mich sehr gerne erinnere.

Damals habe ich auch den Spitznamen „Cá“ bekommen. Jeder bei uns im Viertel hatte irgendeine Abkürzung als Spitznamen. Niemand wäre auf die Idee gekommen, zu rufen: „Hallo, José Roberto da Silva Junior, willst du mitspielen?“ Erstens brauchte man mich nicht zum Mitspielen aufzufordern, und zweitens nannten sie mich eben „Cá“. Ich habe später einmal meine Mutter gefragt, ob sie wüsste, wie es zu dem Namen „Cá“ gekommen wäre und was er bedeute. Meine Brüder, die dabei waren, fühlten sich gezwungen, mir reinen Wein einzuschenken. „Cá", so sagten sie, sei die Abkürzung eines portugiesischen Wortes, das übersetzt „großer Kopf" bedeutet. Vielleicht heißt es auch „Dickkopf", ich weiß es nicht. Jedenfalls hatten sie alle reichlich Spaß, als sie mir das sagten.

Als ich dann anfing, professionell Fußball zu spielen, haben mich meine Mitspieler in „Zé Roberto" umgetauft. „Zé" ist die Abkürzung von „José". Dieser Name gefällt mir selbst sehr gut!

Mit den Namen, das ist ohnehin eine ganz witzige Sache. Die meisten brasilianischen Spieler haben einen Künstlernamen, das hat Geschichte. Und oft stecken sogar Geschichtchen dahinter, wie zum Beispiel bei Dunga, der auch in der Bundesliga spielte. Die meisten werden das Märchen von Schneewittchen und den sieben Zwergen kennen. Dieses Märchen gibt es auch in Brasilien. Bei den Zwergen ist einer dabei, der immer sehr ruhig ist und nur dann den Mund aufbekommt, wenn es sich nicht mehr vermeiden lässt. Dieser Zwerg heißt in Brasilien „Dunga". Ich weiß zwar nicht, warum, aber in seiner Kindheit müssen die Freunde wohl den Eindruck gehabt haben, dass unser Dunga ein bisschen zu ruhig ist. Jedenfalls heißt er seitdem Dunga. Wer ihn in der brasilianischen Nationalelf oder beim VfB Stuttgart erlebt hat, dürfte die Herkunft seines Namens nicht ganz nachvollziehen können. Schließlich war er ja sogar Kapitän des brasilianischen Nationalteams. Aber so ist es in Brasilien. Alles ist ein bisschen verspielt, mit Herz, nichts wird wirklich so ernst genommen, dass es nicht für ein Späßchen reicht. Und wenn's eben eins mit Dunga ist ...

Ein Traum wird Wirklichkeit

Ich weiß nicht mehr, warum, und ich weiß auch nicht mehr, wie es genau passiert ist, aber eines Tages war es so weit: Ein Traum wurde Wirklichkeit!

Meine Mutter erzählte mir begeistert, dass man bei den Vereinen Portuguesa und Corinthians eine Aufnahmeprüfung machen konnte. Ich war damals 14 Jahre alt, hatte gerade mal wieder keine Arbeit, und so konnten mich nichts und niemand daran hindern, diese einmalige Chance wahrzunehmen.

Zunächst ging ich zu Portuguesa zum Probetraining. Das war ein paar Tage vor dem bei den Corinthians. Meine Güte, war da was los! Über 1000 Jugendliche standen auf dem Platz und wollten vorspielen. Das kam mir reichlich viel vor! Vor allem konnte ich mir nicht vorstellen, wie ich bei dieser Masse an Kindern zeigen sollte, was ich draufhatte. Wir wurden in Teams von jeweils sechs Spielern aufgeteilt. Dann gab es Spiele von jeweils fünf Minuten, in denen man zeigen sollte, was man kann. Danach wurde ausgesiebt. Nur sehr wenige Kinder kamen in die nächste Runde. Dort ging es nach derselben Prozedur weiter, bis irgendwann nur noch acht Kinder übrig waren.

Ich spielte also zusammen mit fünf Kindern gegen eine andere Kindermannschaft. Als dann die Namen derjenigen aufgerufen wurden, die eine Runde weiterkommen sollten, war meiner nicht dabei! Meine Mutter war darüber so erbost, dass sie gemeinsam mit der Mutter eines anderen Kindes die Trainer regelrecht fertig machte. Ihrer Meinung nach war das Auswahlverfahren unfair verlaufen, weil ihr Zé in dieser kurzen Zeit sein wirkliches Können gar nicht hatte zeigen können. Irgendwie muss sie zum Ende hin aber doch noch den richtigen Ton gefunden haben, denn ich wurde eingeladen, noch einmal vorzuspielen. Meine Mutter schleppte mich also einige Wochen später erneut zum Trainingsgelände von Portuguesa. Was mir da begegnete, kannte ich ja schon. Und es gefiel mir überhaupt nicht! Denn wieder standen da 1000 Kinder um den Platz und wollten vorspielen. Bis zu diesem Tag hatte ich immer wieder davon geträumt, und es gab nichts Größeres für mich als den Wunsch, Fußballprofi zu werden. Jetzt stand ich da mit all den anderen auf dem Platz und dachte nur: „Was soll das hier werden? Wie soll ich zeigen, was ich kann?"

Wäre meine Mutter nicht gewesen, ich hätte an Ort und Stelle kehrtgemacht und wäre wieder zu meinen Straßenfußballern zurückgekehrt. Aber sie bestärkte mich und machte mir Mut, dass ich es packen könnte. Und so war es dann auch, diesmal kam ich in die nächste Runde! Es war wie ein Etappenziel, aber ich war noch nicht über die Ziellinie gekommen.

Ich war meiner Mutter so dankbar, dass mir auch heute noch die Worte dafür fehlen. Sie hatte immer darauf geachtet, dass ich zum Training in der Kindermannschaft gehen konnte. Und jetzt stand ich hier noch einmal inmitten von vielen anderen und sollte mein Können unter Beweis stellen. Wie sollte das gehen? Ein paar Kabinettstückchen vorführen, den Ball ein paar Mal ins Netz knallen und dann die Ernennungsurkunde entgegennehmen? Ich war gespannt wie ein Flitzebogen. Aber realistisch betrachtet, wusste ich, dass es sehr schwer werden würde, hier bei den Besten zu sein. Doch was soll ich sagen: Auch diese Runde überstand ich.

Und dann, nach weiteren drei oder vier Testrunden, kam der Moment, wo wir zum Vereinshaus eingeladen wurden, um zu erfahren, wer letztendlich dabei war. 25 von 1000 waren es in der letzten Runde gewesen, und von diesen 25 sollten nur sieben oder acht in den Jugendkader von Portuguesa aufgenommen werden. Ich weiß selbst nicht, wie das passiert ist, aber plötzlich war José Roberto da Silva Junior dabei! Als ich mit meiner Mutter gemeinsam im Büro des Trainers saß und er uns mitteilte, dass sie mich ausbilden wollten, flippte ich völlig aus! So etwas hatte ich mein ganzes Leben noch nicht erlebt: Ich war dabei! Das war einfach nicht zu fassen! Mein größter Kindertraum sollte Wirklichkeit werden! Ich kann überhaupt nicht beschreiben, was das für mich bedeutete. Es war einfach nur gigantisch!

Dass ich nun in den Verein aufgenommen worden war, hatte weit reichende Konsequenzen für mein Leben! Die erste wesentliche Veränderung: Ich bekam von nun an finanzielle Unterstützung durch den Verein. Jetzt musste nicht mehr meine Mutter für die Fahrten zum Training aufkommen, das übernahm der Verein. Einige Zeit später sollte ich mein Zuhause verlassen, um auf ein Fußballjugendinternat zu gehen. Als ich dann schließlich

Profi wurde, meinte der Verein, er müsse dafür sorgen, dass ich etwas an Gewicht zunahm, weil ich zu schmächtig wäre. Sie quartierten mich in einem Hotel ein und sorgten dafür, dass ich immer „ordentlich was auf dem Teller" hatte. Es war einfach unglaublich! Wäre eine gute Fee an meine Wiege gekommen und hätte mir das damals gesagt, ich hätte es nicht geglaubt!

Ich kann auch heute die Gefühle von damals nicht richtig beschreiben. Ich merkte auf einmal, dass ein Traum Wirklichkeit wurde! Vermutlich gab es damals auf der ganzen Welt keinen Menschen, der jeden Tag so glücklich zum Training gegangen ist wie ich. Ich schwebte über dem Boden, weil mein Traum Realität wurde!

Im Verein hatte ich die Chance, unter professionellen Bedingungen zu trainieren. In der Jugendmannschaft gab es sehr gute Trainer. Wahrscheinlich kann man sich das in Europa gar nicht vorstellen, welche Auswirkungen Reich und Arm in einem Land wie Brasilien auf den Umgang miteinander haben. Bei vielen Jugendmannschaften wird das Team danach aufgestellt, welche Eltern von welchen Spielern das meiste Geld haben. Es könnte ja dabei auch etwas für den Trainer abfallen ...

So etwas habe ich auch erleben müssen. Es gab Trainer, die nicht darauf achteten, wer am besten spielte oder wer im Training eine gute Leistung brachte. Da wurde die Mannschaft nach dem finanziellen Status der Eltern oder aus reiner Freundschaft zur Familie aufgestellt. Ich befürchte, dass das heute immer noch in vielen Vereinen so ist - und nicht nur in Brasilien. Ich frage mich, ob diese Betreuer oder Trainer überhaupt einen Gedanken daran verschwenden, dass sie durch ihr Verhalten Kinderträume zunichte machen. So etwas ist sehr ungerecht, denn die Kinder aus ärmeren Familien können nichts dafür, dass ihre Eltern nicht reich sind. Sie können aber trotzdem - oder gerade deshalb - einen tollen Fußball spielen. Wer als Trainer persönliche Vorlieben über die Professionalität stellt, sollte einen Beruf wählen, wo er nicht so viel kaputtmachen kann. Ich hatte - Gott sei Dank! - das Glück, Trainer zu haben, die das Talent eines jungen Fußballers erkannten, ohne zuerst ins Portemonnaie des Vaters zu schauen. Aber ich kenne viele Fußballspieler, die immer noch zu kämpfen haben, weil sie es von Jugendtagen an mit unprofessionellen Trainern und Betreuern zu tun hatten. Viele Talente werden so behindert oder sogar kaputtgemacht.

Mein Weg führte mich über das Jugendinternat und die Jugendmannschaft schließlich in den Profikader von Portuguesa São Paulo. Und dann, eines Tages, unterschrieb meine Mutter für mich den ersten Profivertrag.

Damals war ich 19 Jahre alt. Ich kann mich noch sehr gut an mein erstes Ligaspiel erinnern. Wir spielten gegen Horizonte. Ich war sehr nervös vor meinem ersten Einsatz im Profiteam. Schließlich hatte ich früher immer sehr aufmerksam die 1. Liga verfolgt und wollte gerne selbst einmal in ein so großes Stadion einlaufen. Jetzt sollte es so weit sein. Mir war ein bisschen mulmig zumute, denn mein direkter Gegenspieler war Edmundo. Er spielte in der brasilianischen Nationalmannschaft, und ich hatte mächtig Respekt vor ihm.

Ich kann mich nicht mehr an die Einzelheiten des Spiels erinnern, aber es war so, dass Edmundo gegen mich keinen Schnitt bekam und ich der beste Spieler auf dem Platz war. Sehr wahrscheinlich hat sich meine ganze Anspannung in Energie verwandelt, und ich konnte daher ein gutes Spiel machen. Ich war überglücklich - und meine Mutter weinte vor Freude.

Mein erster Auftritt in der ersten Mannschaft

hatte übrigens Folgen, denn von diesem Zeitpunkt an war ich Stammspieler in der Elf.

Damals waren Roque und Tico meine besten Freunde. Sie spielten mit mir in einer Mannschaft und waren die Teamkollegen, mit denen ich mich am besten verstand. Sie spielen heute noch immer in Brasilien, denn leider hatten sie nicht das Glück, zu einem großen Verein in Europa oder im anderen Ausland wechseln zu können. Immer wenn es eine Möglichkeit gibt, treffen wir uns und erzählen von unserer schönen, gemeinsamen Zeit bei Portuguesa.

Vorbilder? Viele brauchen sie, um sich selbst anzuspornen. Wenn man mich nach meinen Vorbildern fragt, dann fällt mir zuerst gar kein Fußballer ein. Auch auf die Gefahr hin, dass jetzt einige Leser innerlich abschalten, aber: Mein größtes Vorbild ist meine Mutter, Maria Andrezima! Das hat nichts mit Muttersöhnchen oder Weichei zu tun, sondern einfach mit der Tatsache, dass sie viele Entbehrungen auf sich genommen hat, um ihrem Cá das Fußballspielen zu ermöglichen.

Aber auf dem Fußballplatz gab es doch einen, der für mich ein Vorbild war: Dener. Er spielte auch bei Portuguesa und war ein außergewöhnlicher Spieler.

Als Jugendlicher ging ich allein seinetwegen ins Stadion. Seine Gegenspieler hatten keine Chance, wenn er seine Trickkiste öffnete. Ich mochte seine Art, Fußball zu spielen. Er hatte einen ausgeprägten, eigenen Stil, und es war eine Augenweide, wie er den Ball spielte.

Wie für viele andere brasilianische Fußballspieler war es der Fußball, der mich aus dem Elendsviertel meiner Kindheit geholt hat. Ich bin Gott sehr dankbar, dass mein Lebensweg bisher so verlaufen ist. Es gibt viele andere, die noch heute im Elend leben, und ich möchte ihnen nach meiner aktiven Profilaufbahn helfen und sie unterstützen.

Bei Portuguesa São Paulo gehörte ich von 1992 bis 1996 zur Profimannschaft und absolvierte insgesamt 61 Erstligaspiele für den Club. Mein einziges Tor in dieser Zeit gelang mir bei einem Auswärtsspiel gegen Cruzeiro Belo Horizonte. Und dazu war es noch ein ganz besonderes: Aus 40 Metern knallte ich den Ball direkt in den Torwinkel.

Ich habe viele schöne Spiele erlebt und wurde in dieser Zeit auch Nationalspieler. 1995 stand ich zum ersten Mal im gelben Trikot der brasilianischen Nationalmannschaft am Mittelkreis und durfte erleben, wie sich die brasilianische Nationalhymne anhört, wenn man einer von elf ist. Das Spiel war gegen Südkorea. Mein erster Einsatz war deshalb so besonders, weil die Mannschaft gerade mit dem Gewinn der Weltmeisterschaft in den USA einen weiteren Riesenerfolg geschafft hatte. Ich stand erst am Anfang meiner Fußballkarriere und durfte doch schon in einem Team spielen, das mit Spielern wie Bebeto, Jorginho, Dunga, Gilmar Tafarel, Cafú besetzt war. 1990 hatte ich noch mit Freunden bei der WM vor dem Fernseher gesessen und unseren Stars zugejubelt. Und nun stand ich selbst im Nationaltrikot auf dem Rasen! Das war ein weiterer Traum von mir, der sich erfüllt hat.

Ausflug nach Europa

Vielleicht waren die Auftritte in der Nationalmannschaft mit ein Grund dafür, dass ich eines Tages mit einer Anfrage konfrontiert wurde, die mir glatt die Fußballschuhe ausgezogen hat. Mein Manager kam zu mir und sagte, ein europäischer Verein hätte schon mehrmals mit ihm gesprochen und wollte mich unbedingt verpflichten. „Na gut, europäische Vereine gibt es viele", dachte ich. Aber als er dann den Namen sagte, traute ich meinen Ohren kaum: Real Madrid. Ich fiel fast um, denn natürlich verfolgten wir auch die ausländischen Ligen, und die spanische ist für Brasilianer besonders interessant.

Es gab noch weitere Angebote von anderen Vereinen, in der Hauptsache aus Brasilien, und so setzten wir uns hin und wägten die Vor- und Nachteile jedes einzelnen Angebots ab. Wichtig war auch die Frage, wo ich als Fußballer die besten Entwicklungschancen hätte. Schließlich entschieden wir uns für das Angebot aus Europa.

Ich kenne kaum einen Spieler, der nicht gerne in Spanien Fußball gespielt hätte. Aber Real Madrid war die absolute Krönung, schließlich handelte es sich hier um einen der besten Vereine der Welt. Immer wieder sagte ich mir: „Das kann nicht wahr sein! Real Madrid will *dich* haben?“ Ich sollte neben Weltstars wie Raul, Roberto Carlos und Top-Stars wie Clarence Seedorf und anderen namhaften Fußballern spielen? Das Angebot aus Spanien war ein echter Hammer! (Zur gleichen Saison wechselte übrigens auch der deutsche Torwart Bodo Illgner vom 1. FC Köln zu Real Madrid.)

Ich hätte natürlich auch bei Portuguesa bleiben können, aber das Ausland reizte mich doch sehr. Von dem Stadion in Madrid hatte ich schon viele Bilder gesehen und begann nun zu träumen, wie es wohl sein würde, vor ausverkauftem Haus die Meisterschale in Händen zu halten oder mit dem Champions-League-Pokal durch eine von Menschenmassen gesäumte Stadt zu fahren. Vielleicht, nachdem ich den entscheidenden Pass zum Siegtor gegeben hatte …

Nun, es gibt einen Unterschied zwischen Visionen und Halluzinationen, das merkte ich schon nach kurzer Zeit, als ich dort war. Zwar wurde Real in der Saison 1996/97 spanischer Meister, aber man wollte mir nicht viel Gelegenheit geben, mich an diesem Erfolg zu beteiligen.

Als ich im Flugzeug nach Spanien saß, hatte ich, ehrlich gesagt, keine Vorstellung von dem, was vor mir lag. Aber ich war guter Dinge, saß doch neben mir meine langjährige Freundin Luciana, die ich bereits seit ihrem 13. Lebensjahr kannte. Schon damals hatte ich zu meinem Bruder Kiko gesagt: „Pass mal auf, wenn die groß ist, ist sie bildschön!" Das Angebot aus Spanien wurde aber zur Gefahr für unsere Beziehung, denn Lucianas Eltern wollten sie nicht mitreisen lassen, es sei denn, wir wären verheiratet. Wie das so ist: Echte Liebe lässt sich das nicht zweimal sagen! So haben wir kurz vor der Abreise nach Europa standesamtlich geheiratet, und Luciana saß also neben mir im Flieger nach Spanien. Wir hatten ohnehin schon vorher über eine Hochzeit gesprochen, aber der Saisonbeginn in Spanien sorgte dafür, dass wir den Termin um einige Monate vorverlegen mussten.

Zum ersten Mal schickte ich mich an, bei einem ausländischen Verein Fußball zu spielen. Es war ein mulmiges Gefühl, als das Flugzeug abhob und mir schlagartig bewusst wurde, was ich alles hinter mir lassen würde: Ciao Kindheit! Ciao Favelas! Ciao ihr lieben Freunde! Ciao Familie! Adios brasilianischer Fußball! Es gingen mir so viele Gedanken durch den Kopf: Wann würde ich meine Familie das nächste Mal wieder sehen? Wann würde ich mal wieder mit den Freunden grillen? Der Abschied aus der Heimat fiel Luciana und mir unendlich schwer. Ich weiß nicht, ob sich deutsche Leser das vorstellen können: Wir haben jedenfalls den ganzen Flug über geheult! Zum Glück saß mein Manager einige Reihen vor uns im Flugzeug, sodass er von dieser Szene nichts mitbekam. Der hätte mich bestimmt für komplett verrückt erklärt und sich so seine Gedanken gemacht, ob er für den richtigen Mann die Verträge ausgehandelt hatte. Manchmal ist es einfach gut, wenn die Manager nicht zu dicht neben einem sind ...

Was ich über die spanische Liga wusste, hatte ich aus dem Fernsehen. Sehr schöne Spielweise, völlig verrückte und enthusiastische Fans und natürlich das Bernabeu-Stadion, eines der schönsten Stadien der Welt. Ich stellte mir vor, in einen Verein zu kommen, der eine Sieger-Mentalität verkörperte. Und so war es auch. Real Madrid gehört zu den größten

Mannschaften der Welt. Dieser Verein ist das Siegen gewohnt und setzt alles daran, als Sieger vom Platz zu gehen. Später sollte ich dieselbe Mentalität in Deutschland wieder erleben, und zwar in München.

Es wäre schön für mich, wenn ich an dieser Stelle von vielen siegreichen Spielen im Dress von Real berichten könnte, von schönen Flanken, von Aufsehen erregenden Toren, überglücklichen Läufen mit der Meisterschale in die Fankurve ... Aber leider geht das nicht. Die Zeit bei Real war für mich zwar kein Desaster, aber ich muss sie im Nachhinein doch als Lehrjahre einstufen.

Die ersten Eindrücke beim neuen Verein waren super. Das Bernabeu-Stadion ist eine Arena, die dieses Wort auch tatsächlich verdient. Wenn man dort spielt, kommt das Gefühl auf, dass die Zuschauer überall sind: neben, vor, hinter und sogar über einem selbst. Es ist absolut unbeschreiblich.

Leider hatte ich dieses Gefühl nicht sehr oft. Trainer Fabio Capello gab mir reichlich Gelegenheit, die Sitzmuskeln zu trainieren. Anders ausgedrückt: Ich saß überwiegend auf der Ersatzbank. Insgesamt hatte ich die Ehre, während meiner ersten Saison in Madrid neun Spiele bestreiten zu dürfen, sieben davon allerdings als Einwechselspieler. So hatte ich mir das eigentlich nicht vorgestellt. Ich trainierte wie ein Irrer, legte Sonderschichten ein, versuchte, mich aufzudrängen und mich selbst ins Blickfeld zu rücken, aber jedes Mal erhielt mein Landsmann Roberto Carlos aufs Neue den Vorzug. Natürlich war es nicht mein Ziel, ihn zu verdrängen. Wer war ich denn gegen ihn? Aber wir hätten uns gut ergänzen können, wenn Capello das Spielsystem ein wenig umgestellt hätte. Roberto Carlos hinten und ich vorne links, das hätte mit Sicherheit gut geklappt.

Neun Einsätze, das war keine gute Bilanz für einen, der gerade Nationalspieler geworden war. Allerdings bekam ich erst später mit, was das eigentliche Problem mit mir war. Es gibt im Wesentlichen zwei Möglichkeiten, wie Spieler zu einem Verein kommen. Entweder der Trainer möchte einen bestimmten Spieler unbedingt haben oder aber das Management. Im Idealfall sprechen sie vor einer Verpflichtung miteinander und treffen eine gemeinsame Entscheidung. Im Fall von Real Madrid war das nicht nur nicht geschehen, es bestand sogar ein regelrechter Kampf zwischen Trainer und Manager. Dabei kam ich völlig unter die Räder, denn der Manager hatte mich gegen den Willen des Trainers verpflichtet. Ich hatte immer die Hoffnung gehabt, mich spielerisch durchsetzen zu können, aber letztlich gab es für mich überhaupt keine Chance, denn für Trainer Capello war ich der Spieler des Managers und nicht sein Wunschspieler. Er wollte mich einfach nicht.

Dann hörte ich davon, dass ein Trainerwechsel anstand. Das gab mir wieder Hoffnung. Mit Jupp Heynckes kam auch ein neuer Trainer, ein Deutscher. Ich wollte es unbedingt in die erste Elf schaffen. Doch ich merkte bald, dass Heynckes ein Auge auf meinen direkten Konkurrenten auf der linken Außenposition geworfen hatte, auf Amavisca. Also hatte ich trotz des neuen Trainers nach wie vor keine Chance auf mehr Einsätze.

Vielleicht haben die ersten Seiten dieses Buches schon ein gutes Bild von mir vermittelt. Dann wissen Sie: Ich will Fußball spielen! Und wenn mir das verwehrt wird, dann macht das Leben einfach keinen Spaß! Und so wurde die Zeit in Madrid für mich immer schwieriger. Schließlich war ich ja nicht als Zuschauer nach Spanien gereist, es war nicht mein Ziel gewesen, einige Saisons lang von draußen schöne Spiele anzuschauen!

Das meinte im Übrigen auch der brasilianische Nationalcoach Zagallo. Er sagte mir im Hinblick auf die bevorstehende WM in Frankreich: „Zé, du musst spielen, spielen, spielen! Sonst kann ich dich nicht mitnehmen!" Ich hätte ja gerne gespielt, aber man ließ mich nicht! Ich sah die WM in weite Ferne rücken und war einfach sauer, dass ich so selten auflaufen durfte. Jupp Heynckes ließ mich lediglich sechsmal spielen. Da hatte ja selbst Capello mehr Vertrauen in mich gesetzt! Aber ich konnte ihn auch verstehen, denn er hatte ein besonderes System, in das Amavisca wirklich besser hineinpasste als ich. Das muss ich schon zugeben.

Bei einem absoluten Highlight kam ich dann aber doch zum Einsatz, und dieses Spiel habe ich bis heute nicht vergessen: das Supercup-Finale gegen den FC Barcelona. Wir gingen mit 4:2 als Sieger vom Platz! Dieser Sieg hat geholfen, dass die Wunden nicht zu sehr schmerzten, aber ich war während der Zeit bei Real Madrid trotzdem extrem frustriert.

Mein Traum, Fußball-Profi zu werden, war in Erfüllung gegangen, aber ich hatte noch einen weiteren Traum: Ich wollte Stammspieler werden! Das konnte ich mir in der Situation bei Real Madrid allerdings abschminken. Es war ein deprimierendes Gefühl, Spiel für Spiel von der Bank aus miterleben zu müssen. Manchmal wurde ich zwar eingewechselt, aber meistens konnte ich mir das Duschen nach dem Spiel sparen, weil es gar kein Spiel mit mir gegeben hatte. Ich fühlte mich einfach zurückgesetzt, wenn der Trainer die Aufstellung verkündete und ich nicht dabei war!

Ich sagte ja bereits, dass diese Jahre Lehrjahre für mich waren, denn ich musste eine wichtige Lektion für meine Profikarriere lernen: Die Entscheidungen eines Trainers müssen akzeptiert werden! Er hat die Verantwortung für die Mannschaft, ich kann mich nicht dagegen auflehnen, wenn er andere Entscheidungen trifft, als mir lieb sind. Es fiel mir jedes Mal wieder schwer, aber ich lernte, es zu respektieren. Oft habe ich daran gedacht, alles hinzuschmeißen und mit Luciana zurück nach Brasilien zu gehen. Dort hatte ich schließlich so gut wie in jedem Spiel gespielt. Meine Frau und ich unterhielten uns oft darüber, aber wir entschlossen uns doch dazu, in Madrid zu bleiben, bis sich etwas „von allein" ergeben würde …

Und so geschah es auch!

Eines Tages wurde die Anfrage an mich herangetragen, ob ich mir vorstellen könnte, zurück nach Brasilien zu wechseln. Real Madrid war äußerst interessiert an einem Spieler namens Savio, und der kickte zu der Zeit in Rio de Janeiro. Der Verein in Rio war seinerseits an einem Tausch gegen mich interessiert. Alles ging ziemlich flott über die Bühne, und bevor ich überhaupt richtig darüber nachdenken konnte, saßen wir schon wieder im Flieger Richtung Heimat.

Flamengo Rio de Janeiro - ein großer Verein und für mich mit dem Vorteil verbunden, wieder in unserem Heimatland spielen zu können. Flamengo ist der Verein mit dem größten Fanclub Brasiliens. Das Beste war, dass ich dort auch wieder für die Nationalelf interessant wurde. Wie gesagt, schließlich stand 1998 die WM in Frankreich vor der Tür! Die Tatsache, dass ich mitten in der Saison wechselte, gab mir zudem die Chance, in der brasilianischen Liga auf mich aufmerksam zu machen.

Sechs Monate spielte ich in Rio de Janeiro, bevor mein Weg wieder nach Europa gehen sollte, zu Bayer Leverkusen. Ich kann mich nicht erinnern, in dieser Zeit irgendein Tor geschossen zu haben, aber ich habe gespielt, und wir haben die meisten Spiele gewonnen.

„Was ist der Unterschied zwischen den brasilianischen Fußballclubs und einer Mannschaft wie Real Madrid?“, wurde ich vor kurzem einmal gefragt. Gegenüber Real Madrid fehlte es sowohl Portuguesa als auch Flamengo an Professionalität. Das Geld spielt die größte Rolle und wird über die spielerischen Fähigkeiten der einzelnen Spieler gestellt. Da ist im wahrsten Sinne des Wortes mehr Schein als Sein. Flamengo gehört zu den führenden Clubs in Brasilien, aber wenn man den Verein von innen betrachtet, dann blättert die Fassade doch immens ab. Bei Real Madrid dagegen stimmen Anspruch und Wirklichkeit in einer vorbildhaften Weise überein. Das merkt man bei der gesamten Vereinsführung. Dort sind Leute beschäftigt, die wirklich für den Fußball leben und die wollen, dass der Verein aus fußballerischer Sicht nach vorne kommt.

Mit Jesus in die Bundesliga

Die Zeit in Rio de Janeiro sollte nur von kurzer Dauer sein. Denn nachdem ich mich in Brasilien wieder eingelebt hatte, saß eines Tages mein Manager mit einem - im wahrsten Sinne des Wortes - äußerst schwergewichtigen Deutschen namens Reiner Calmund zusammen und bastelte an einem Vertrag für ein Engagement in der Bundesliga.

Bayer Leverkusen hatte großes Interesse an mir. Ich muss gestehen, dass ich überhaupt nicht wusste, wo Leverkusen überhaupt lag. Ich verfolgte zwar auch ein bisschen die deutsche Bundesliga, aber Namen wie Bayern München und Borussia Dortmund waren mir sehr viel geläufiger. Dabei hatten die Brasilianer in Leverkusen inzwischen schon eine gewisse Tradition: Es begann mit Tita, der Mitte der achtziger Jahre an den Rhein kam. Ihm folgten Spieler wie Jorginho, Zé Elias, Emerson, Sergio, Ponte, Rink oder auch Marquinho.

Die bekannte deutsche Zeitung „Welt am Sonntag“ titelte damals eine Story über mich mit dem Satz: „Gott hat mich nach Leverkusen geschickt.“ Ich bin bis heute der festen Überzeugung, dass es kein Zufall war, dass ich nach so kurzer Zeit in Rio de Janeiro doch wieder in Europa landete und in der Bundesliga spielen durfte. Wenn ich ein Tor geschossen hatte, habe ich mein T-Shirt gelüftet, und auf meinem Unterhemd stand eine Botschaft, die ich selbst in meinem Leben erfahren hatte: „Jesus liebt dich!“

Ich habe ja schon einiges aus meiner Kindheit berichtet, aber das Wichtigste habe ich bisher noch nicht erzählt. Zu der Zeit, als unsere Familie von meinem Vater im Stich gelassen wurde, ereignete sich etwas, das unsere ganze Familie - und auch mein Leben - total verändern sollte. Seitdem gehört der Spruch „Meine Kraft liegt in Jesus!“ zu meinem Leben. Ich weiß, viele halten das für einen religiösen Tick, sie wollen mit Gott nichts zu tun haben und schaffen sich ihre Götter selbst. Selbst die Fußballspieler müssen ja dafür herhalten. Doch im Gegensatz zu den Göttern, die wir uns selbst schaffen, hat mich Gott noch nie enttäuscht. Es gibt Menschen, die weisen darauf hin, dass man Gott in der Natur erfahren kann. Schöne Berge, schöne Seen und die Frage, wie das wohl alles entstanden ist, haben schon so manchen zu Gott gebracht. Bei mir aber war es eine ganz andere Erfahrung, und die hing mit meinen Eltern zusammen.

Ich habe ja erzählt, dass meine Mutter noch mehr als zuvor arbeiten musste, um uns Kinder durchzubringen, nachdem mein Vater uns verlassen hatte. Das war nicht leicht für sie, sodass sie für sich selbst eine Kraftquelle brauchte. Eines Tages ging sie in eine Kirche, um einfach mal zur Ruhe zu kommen und ihre Gedanken zu sammeln. Dort muss sie ein Erlebnis gehabt haben, das sie total veränderte. Sie sprach auf einmal von Gott und erzählte uns, dass wir auf Jesus vertrauen sollten, denn er würde uns in der schwierigen Situation helfen. Zuerst habe ich mir das ruhig angehört und war froh, wenn ich dann wieder auf der Straße Fußball spielen konnte. „Vielleicht hat sie einen ‚frommen Tick' bekommen", dachte ich, „Der ist sicher in ein paar Wochen wieder vorüber." Aber dann stellte ich fest, dass die Veränderungen bei unserer Mutter von Dauer waren. In ihrem Leben schien jemand da zu sein, mit dem sie über alles reden konnte - und trotz unserer verfahrenen wirtschaftlichen Situation strahlte sie eine Ruhe und Gelassenheit aus, die man mit natürlichen Dingen nicht erklären konnte.

Es dauerte nicht lange, da merkte ich, dass dieser Gott, von dem Mutter immer sprach, auch mit mir etwas zu tun haben wollte. Seitdem hat sich vieles in meinem Leben verändert. Bei allem Leid, das meine Mutter erleben musste, wurde sie durch ihren Glauben zu einem glücklichen und fröhlichen Menschen. Das war für jeden in der Familie und in unserer Umgebung offensichtlich. Ich hatte mich bis dahin nicht sonderlich um Gott gekümmert. Aber die Veränderungen, die ich bei meiner Mutter sah, signalisierten mir: Vielleicht ist an Gott und an der Bibel doch etwas Besonderes.

Ich fing also an, in der Bibel zu lesen. Dort begegnete mir ein Gott, der von sich aus auf uns Menschen zugeht. Was lassen sich die Menschen alles einfallen, um sich die Gunst Gottes zu erschleichen oder um Gott auf ihre Seite zu ziehen? Aber nicht wir müssen uns anstrengen, um zu ihm zu kommen, sondern er selbst hat sich auf den Weg zu uns gemacht. Und ich erfuhr in diesem alten Buch, dass Gottes Liebe zu mir ganz aktuell ist. Ich spürte in den Vororten der Favelas: Gott ist auf deiner Seite! Er liebt dich und nimmt dich an, wie ein Vater sein

Kind liebt! Was passiert, wenn ein Vater das nicht tut, das hatten wir ja kurze Zeit vorher erleben müssen. In der Bibel las ich, dass Gott selbst unser Vater sein will. Ich las auch, dass Gott für mich nicht nur der Vater sein möchte, den ich nie hatte, sondern dass er außerdem etwas Besonderes mit mir vorhat.

Das hatte nichts mit irgendwelchen Formeln oder Ritualen zu tun, sondern einfach mit einem Angebot, das ich in dieser Situation als Kind annahm. Diese Entscheidung war für mein Leben noch wichtiger als die Liebe zum Fußball. Sie sollte mein ganzes Leben bestimmen und mich total verändern.

Wir erlebten extrem harte Jahre. Nicht nur wirtschaftlich, sondern auch menschlich ging es durch viele tiefe Täler. 1994 zum Beispiel starb meine Schwester Rejane mit 33 Jahren während der Geburt ihrer Tochter. So etwas zieht einem den Boden unter den Füßen weg. Wie sollten wir den Schmerz über diesen schlimmen Verlust überwinden? Wir waren alle zutiefst geschockt und traurig. Ich kenne Menschen, die haben es ihr ganzes Leben nicht geschafft, so einen Schicksalsschlag zu verkraften. Es gibt Fußballer, die durch solche Tragödien völlig aus der Bahn geworfen wurden und danach auch auf dem Platz nichts Vernünftiges mehr zustande gebracht haben. In dieser Situation haben wir es anders erlebt: Zum ersten Mal haben wir, die gesamte Familie, realisiert, dass Gott der Tröster seiner Kinder ist! Und das war kein billiger Trost nach dem Motto: „Kopf hoch, das Leben geht weiter!"

In der Bibel fanden wir Zuspruch. Darin stand viel von einem Gott, der tröstet, wie kein Mensch es jemals kann. Da gibt es zum Beispiel ein Buch, das „die Psalmen" genannt wird. Es ist eine Liedersammlung, in der unter anderem die Lieder eines Königs mit Namen David gesammelt wurden. David erlebte viel mit Gott und drückte seine Erfahrungen in Liedern aus. Die Psalmen gehören nicht nur zur Weltliteratur, sondern zeigen auch, wie Gott sich um uns Menschen kümmert. Genau das haben wir in dieser Situation erlebt.

Später gab es noch einmal eine Situation in unserem Leben, in der wir gespürt haben, dass Gott uns ganz besonders nahe war. In der Zeit, als ich bei Flamengo Rio de Janeiro spielte, verloren Luciana und ich unser erstes Kind. Es wurde tot geboren. Wir waren unendlich traurig. Später hatten wir noch einmal eine Frühgeburt. In dieser schwierigen Zeit haben wir einmal mehr auf Gott vertraut und bei ihm Trost gesucht. In meinem Kopf spielten die

Gedanken verrückt, doch mein Herz sagte mir, dass Gott uns nicht verlassen hatte. Und seitdem habe ich immer auf mein Herz gehört.

Wenn ich heute über mein Leben nachdenke, dann taucht immer wieder die Situation vor mir auf, als damals meine beiden Freunde erschossen wurden. Sie waren auf die schiefe Bahn geraten und haben mit ihrem Leben dafür bezahlt. Das hätte mir auch leicht passieren können, aber ich sehe es nachträglich als Gottes Geschenk an, dass ich eine andere Laufbahn einschlagen konnte. Jesus hat mich zu einem Sieger gemacht. Ich weiß, dass jetzt einige lästern werden: „Ein Sieger, der ziemlich oft Zweiter geworden ist!" Das ist mir aber völlig egal, denn wer Gott sein Leben anvertraut, der kann auch mit Niederlagen ganz anders umgehen. Ich werde nicht daran kaputtgehen, wenn wichtige Spiele verloren werden. Ich werde mich natürlich ärgern, und die Niederlagen werden auch eine ganze Zeit an mir nagen, aber runterziehen können sie mich nicht, weil für mich im Leben noch mehr zählt als nur der Ball. Fußball ist wichtig, aber für mich ist er nicht alles! Das habe ich schon damals als Jugendlicher erlebt. Aber ich werde in diesem Buch noch an anderer Stelle von Siegen und Niederlagen berichten.

Meine Entscheidung für ein Leben mit Jesus hat einfach alles in meinem Leben verändert. Ich habe die Liebe Gottes entdeckt. Zum Glück traf ich diese Entscheidung gerade in dem Moment, als ich meinen ersten Profivertrag bei Portuguesa unterzeichnete. Wäre ich damals noch kein Christ gewesen, wäre mein Profileben sehr wahrscheinlich anders verlaufen. Ich habe nämlich oft erlebt, wie Jungprofis dem Reiz des Geldes erlegen sind. Auf einmal standen sie vor der Situation, alles haben zu können. Und das haben sie ausgenutzt. Sie hatten mehrere Frauen gleichzeitig, haben ihr Geld zum Fenster hinaus geworfen und ihr Leben regelrecht verschleudert. Viele konnten auch nicht mit der plötzlichen Popularität umgehen und dachten, nun läge ihnen die ganze Welt zu Füßen. Ich bin froh, dass ich Jesus mein Leben anvertraut habe. Er hat das Beste daraus gemacht und mich vor vielem bewahrt.

Als Jugendlicher bin ich sehr oft in die Kirche gegangen. Dort gab es ein spezielles Programm für junge Leute, aber daran nahm ich fast nie teil. Ich hatte ja genug Programm mit meinem Training. Der Gottesdienst genügte mir damals. Meine Freundin Luciana ging zu dieser Zeit übrigens auch in die Kirche, weil ich sie immer wieder dazu eingeladen hatte. Und sie hat schließlich ebenfalls erkannt, dass es wichtig ist, mit Gott zu leben. Seitdem ist sie auch Christin, und das ist richtig klasse! Wir haben nämlich etwas, das uns über unsere Liebe zueinander verbindet und uns auch als Ehepaar stark macht.

Als ich zu Real Madrid gegangen bin, hatte ich übrigens nicht auf Gott gehört. Und wie berichtet, es wurde eine extrem verkorkste Zeit. Ich wollte groß sein, ein Star in einem großen Team. Aber ich wurde letztendlich von Spieltag zu Spieltag auf der Ersatzbank kleiner, weil jedem im Stadion klar war: Selbst wenn sich drei Spieler verletzen, Zé Roberto wird garantiert nicht eingewechselt. Damals habe ich erkannt: Es ist wichtig für mich, immer wieder mit Gott zu sprechen und auf ihn zu hören!

Die Veränderungen meiner Mutter zogen übrigens weite Kreise. Meine Geschwister sind alle „bewusste Christen“ geworden, d. h., sie gehören nicht nur einer Kirche an, sondern leben in ihrem Alltag ganz bewusst mit Gott, reden mit ihm und fragen ihn, was er mit ihrem Leben machen möchte. Als mein Vater noch bei uns lebte, waren wir eigentlich eine nach außen „intakte Familie“, in der mit Vater, Mutter und Kindern alles vorhanden war, was eine Familie ausmacht. Aber das war nur der Schein, denn in Wirklichkeit waren wir ein Haufen von Individualisten, die alle das taten, was ihnen gerade in den Sinn kam. Wir lebten zwar unter einem Dach, hatten aber eigentlich nicht viel miteinander zu tun.

Ich wäre mit Sicherheit ein Krimineller geworden und kein Fußballspieler, wenn ich mich damals nicht ganz bewusst dafür entschieden hätte, ein Leben mit Gott zu führen.

Fußballer leben ein besonderes Leben, stehen aber nur für eine bestimmte Zeit im Licht der Öffentlichkeit. Vielleicht scheinen das große Geld, der Ruhm oder die Titel den besonderen Reiz auszumachen. Ich kann nur sagen, dass letztlich alles davon vergehen wird. Das Geld ist schneller ausgegeben, als man denkt, der Ruhm vergeht ebenfalls sehr schnell, aber die Liebe Gottes zu uns Menschen bleibt bestehen. In der Bibel sagt Jesus Christus: „Himmel und Erde werden vergehen, aber meine Worte bleiben für immer." Nun, das hat sich zumindest in den letzten 2000 Jahren als Wahrheit erwiesen, denn so lange wird bereits über Jesus Christus gesprochen, während andere seiner Zeitgenossen schon lange kein Mensch mehr kennt.

Für mich ist eines ganz wichtig, um die Welt eines Fußballers richtig einordnen zu können: Titel und

Siege sind eine schöne Sache, aber was für mich letztlich zählt, ist meine Beziehung zu Gott!

Es gibt übrigens eine wichtige Parallele zwischen dem Leben mit Gott und dem Fußballspielen. Beides wird durch Training besser! Luciana und ich lesen jeden Tag in der Bibel. Wir tun das, weil wir erfahren möchten, was Gott über unser Leben denkt und was er uns mitteilen möchte. Da stehen zum Beispiel Sätze drin, wie: „Der Glaube kann Berge versetzen." Wir haben schon erlebt, dass wir vor scheinbar unlösbaren Problemen standen und Gott Türen geöffnet hat und Wege sich geebnet haben. Ein Fußballspieler, der nicht an sich glaubt, eine Mannschaft, die von ihren Fähigkeiten nicht mehr überzeugt ist und nicht daran glaubt, selbst schwierige Situationen meistern zu können, werden immer auf Seiten der Verlierer sein. Es gibt viele Berichte in der Bibel, wo Menschen auf die falschen Dinge vertraut und alles verloren haben. Da ist zum Beispiel eine schöne Geschichte, die Jesus einmal erzählt hat. Sie handelt von einem Mann, der sein ganzes Leben nur Geld scheffelte. Er hatte irgendwann seine Vorratshäuser voll und meinte, er hätte genügend für einen geruhsamen Lebensabend auf die Seite gelegt. Und Gott sprach zu ihm: „Du Narr, noch heute wirst du sterben!“ Im Angesicht des Todes wird selbst der reichste Mann wieder arm.

Eine meiner Lieblingsgeschichten in der Bibel ist die Geschichte von Josef, der von seinen eigenen Brüdern gehasst, überfallen und schließlich als Sklave verkauft wird. Aber Gott hatte etwas Besonderes mit ihm vor. Dieser Josef wurde zu einem Präsidenten, während seine Brüder wegen einer großen Hungersnot sogar zu Bittstellern bei ihm wurden, um überleben zu können. Nun war die Zeit für Rache gekommen, nicht wahr? Aber Josef handelte ganz anders. Er hatte in seinem Leben Gott vertraut, und es hatte sich gelohnt. Er durfte erfahren, wie Gott sich um ihn gekümmert hat. Und dann steht da dieser schöne Satz: „Die Menschen hatten Böses im Sinn, aber Gott wendete das Böse in Gutes.“ Es war aber auch unglaublich, dass Josef das Herz hatte, seinen Brüdern, die ihm so etwas Schlimmes angetan hatten, zu vergeben. Wir können von solchen Vorbildern sehr viel lernen.

Ich bin fest davon überzeugt, dass jeder Mensch in seinem Leben irgendwann einmal eine Begegnung mit Gott hat. Jeder erlebt Dinge, die ihn über Gott nachdenken lassen. Jeder kommt in Situationen, die er sich nur so erklären kann, dass Gott ihn am Leben erhalten will oder ihm geholfen hat. Es kommt danach nur darauf an, welche Schlüsse wir aus einer solchen Erfahrung ziehen. Bei vielen Menschen hält der Gedanke an Gott nur einen Moment. Danach geht ihr Leben weiter wie bisher. Bei mir war das anders.

Warum erzähle ich das hier in dieser Breite? Weil Gott sehr viel mit meinem Leben zu tun hat. Auch meine Entscheidungen, ob ich nun nach Deutschland, nach Spanien oder wohin auch immer gehen soll, um Fußball zu spielen, treffe ich nicht alleine. Immer bin ich im Gespräch mit Gott. Ich vertraue ihm, dass mein Leben in seinem Sinne verläuft. Ich habe gelernt, dass es schön ist zu träumen. Aber man sollte nicht alle Zeit darauf verwenden, sich auf seine Träume zu konzentrieren. Heute weiß ich: Du musst lediglich dein Leben leben und deine Zukunft Gott überlassen.

Freunde fürs Leben

Echte Freundschaften sind wie Edelsteine. Sie sind nicht leicht zu finden, aber wenn man sie hat, halten sie ein Leben lang. Ich habe nicht viele wirkliche Freunde, und darum sind mir diese Beziehungen besonders wichtig. In Brasilien hatte ich bei Portuguesa mit Tito und Roque echte Freunde im Team. Wir verstanden uns sehr gut, und wir konnten auch außerhalb des Trainings viel miteinander unternehmen.

In den verschiedenen Mannschaften, in denen ich bisher gespielt habe, gibt es aber auch Spieler, zu denen man nur einen lockeren Kontakt hat. Natürlich freut man sich gemeinsam über erreichte Erfolge, aber darüber hinaus hat man wenig miteinander zu tun. Es ist mehr ein Arbeitsverhältnis oder ein gutes kollegiales Miteinander in der Mannschaft. Von Freundschaft würde ich da nicht unbedingt sprechen. Freundschaften halten schwierige Zeiten aus und werden auch von Niederlagen nicht getrübt. Bei Fußballmannschaften ist es aber häufig so, dass es innerhalb der Mannschaft nicht mehr klappt, wenn die Siege ausbleiben.

Ein Freund ist jemand, dem ich wirklich alles erzählen kann, was mich bewegt. Ich bin glücklich, dass meine Frau so eine Freundin für mich ist. Mit Luciana kann ich über alles sprechen. In guten und in schlechten Zeiten halten wir zusammen. Sie gibt mir auch in schwierigen Situationen gute Ratschläge und hilft mir, Entscheidungen zu treffen. Freundschaft braucht auch Zeit. Luciana kenne ich seit frühester Kindheit. Ich bin froh darüber, dass mir sämtliche Frauengeschichten erspart geblieben sind.

Luciana lebte in einem Stadtteil in unserer Nähe und war mit meinem jüngeren Bruder befreundet. Die beiden waren gleichaltrig. Mein Bruder spielte oft in der Nähe ihres Hauses, ich kannte sie aber auch aus der Schule. Irgendwann kam dann die Zeit, wo selbst Jungen wie ich eine kleine Auszeit beim Fußballspielen beantragten, wenn hübsche Mädchen auftauchten. Ich fand sie nett, habe aber damals nicht im Traum daran gedacht, dass wir einmal unser Leben miteinander verbringen könnten. Auch hier sehe ich, dass Gott die Hände im Spiel hatte.

Am 10. Juli 1997 haben wir geheiratet. Wir hatten nur wenige Leute zur Feier eingeladen und verbrachten den Tag mit den Familien und unseren engsten Freunden. Standesamtlich hatten wir ja - wie berichtet - schon vorher geheiratet, damit Luciana mit mir nach Spanien ziehen durfte. Nach Saisonschluss haben wir dann zu Hause noch kirchlich geheiratet. Es wurde getanzt und ausgelassen gefeiert. Ein unvergessliches Fest.

Es war uns aber nicht immer zum Feiern zumute, und gerade in schweren Zeiten zeigt es sich, ob man nur verheiratet ist oder ob die Freundschaft stark genug ist und hält. Luciana hatte zwei Fehlgeburten. Das war für uns nicht leicht zu verkraften, denn wir hatten uns schon damals Kinder gewünscht. Ich bin fest davon überzeugt, dass Gott diese schweren Erlebnisse zugelassen hat und wir als Menschen daran gewachsen sind. Selbst in unseren Schwächen können wir stark sein und uns Mut und Kraft bei Gott holen. Und so haben Luciana und ich es gemacht. Wir vertrauten darauf, dass Gott uns irgendwann mit einem Kind segnen würde. Drei Jahre später wurde unser Sohn Endrik geboren.

Ich konnte leider bei seiner Geburt nicht dabei sein, weil ich gerade mit der Nationalmannschaft unterwegs war. Das war hart für mich, schließlich hatte ich mich genauso auf unser Kind gefreut wie Luciana. Vor allem nach den beiden negativen Erlebnissen wollte ich bei der Geburt dabei sein. Stattdessen trainierte ich mit den Kollegen der „Selecao“ in Thailand. Das Länderspiel fand einen Tag vor dem Geburtstermin statt.

Ein Anruf von Luciana versetzte mich in äußerste Spannung: Die Wehen hatten eingesetzt, und sie musste ins Krankenhaus. Kurz vor dem Spiel erreichte ich sie nicht mehr, da sie bereits im Krankenhaus war. Das Länderspiel war nicht ganz einfach für mich, denn mir gingen andere Dinge durch den Kopf als Fußball. War ich schon Vater oder nicht? Würde alles gut gehen? Statt des Torjubels und des Torschreis hätte ich hundertmal lieber den ersten Schrei meines Sohnes gehört.

Nach dem Spiel versuchte ich, Luciana zu erreichen, aber es kam keine Verbindung zustande. Nach zwölf Stunden Rückflug landete ich schließlich auf dem Düsseldorfer Flughafen und rief sofort bei meinem Freund Emerson an, der gemeinsam mit mir bei Bayer 04 Leverkusen spielte. Seine Frau Sonia sagte mir, dass Endrik geboren sei. Ein Junge von 3,66 kg.

Ich flippte vor Freude fast so aus wie damals, als

ich im Jugendcamp zu den Auserwählten zählte, die einen Vertrag bekamen. Ich sprang ins nächste Taxi und gab dem Fahrer zu verstehen, dass er auf die Tube drücken sollte. Und wie es in solchen Situationen immer: Auf der A3 gab es mal wieder einen Stau. Ständig schaute ich auf die Uhr und wurde von Minute zu Minute unruhiger. Aber vor Gott und im Stau sind alle Menschen gleich. Es hieß also Geduld aufbringen. Am liebsten wäre ich aus dem Taxi gesprungen und zu Fuß ins Krankenhaus gerannt. Aber so viel Verstand besaß ich noch, dass ich wusste, es war zu weit weg. Doch dann kam der große Moment! Als ich Endrik endlich in meine Arme schließen konnte, dankte ich Gott und legte das Leben dieses kleinen Wesens bewusst in Gottes Hände. Es war einfach wunderbar! Das Wichtigste im Glauben ist, dass man sich von Gott geliebt weiß. Und dieser Augenblick machte es mir so deutlich wie kaum ein anderer.

Am 3. Juli 2003 hatte ich wieder solch ein schönes Erlebnis: Unsere Tochter Miria wurde geboren. Sie ist die Erfüllung eines weiteren Traums. Ich wünschte mir immer, einen Jungen und ein Mädchen zu haben. Und wenn alles gut geht, werde ich noch vor der Weltmeisterschaft 2006 erneut Vater.

Der Arzt meinte, es würde wieder ein Mädchen. Das wäre super! Die Kinder sind wirklich ein Geschenk Gottes für uns. Ich bin glücklich, eine Familie zu haben, in der ich viel Freude erlebe.

Als ich Brasilien verließ, um in Deutschland zu spielen, mussten Luciana und ich viele Freunde zurücklassen. Die Entscheidung fiel uns nicht leicht, aber ich musste auch an meine Zukunft als Fußballprofi denken. Ein neues Land, eine neue Kultur, ein neuer Verein, eine neue Liga - das alles reizte mich sehr. Ich wollte die Bundesliga kennen lernen. Ich habe bisher aber noch sehr viel mehr kennen gelernt, das mich als Fußballer weitergebracht hat.

Wenn wir im Sommer oder in der Winterpause nach Brasilien fliegen, treffen wir dort immer alte Freunde von früher. Luciana bleibt meistens noch etwas länger dort, während ich für die Saisonvorbereitungen schon wieder nach Deutschland abreisen muss. Oft bringe ich brasilianische Freunde mit, damit ich nicht so alleine bin. Es fällt mir unglaublich schwer, ohne Luciana alleine zu Hause zu sein. Ich hänge sehr an meiner Familie, und nach Gott ist sie das Wichtigste in meinem Leben.

Freunde im privaten Bereich zu finden ist die eine Sache, in der Mannschaft ist das eine andere. Es ergeben sich immer Freundschaften zu Mitspielern, aber die sind meistens nicht so eng. Bei Fußballspielern weiß man eigentlich nie, ob man mit ihnen in der nächsten Saison noch zusammenspielt oder ob nicht einer den Verein wechselt. Ich würde daher eher von guter Kameradschaft oder von guten Arbeitskollegen sprechen. Zum Beispiel gehen wir, die südamerikanischen Spieler des FC Bayern München, nach den Spielen oft gemeinsam essen. Jeder bringt seine Familie mit, und dann ist immer einiges los.

In einem Fußballteam herrscht aber auch Konkurrenzdenken, denn schließlich können nun mal nur elf Leute von Beginn an auf dem Platz stehen. Gerade zu der Zeit, als bei Bayern München rotiert wurde, trat der Konkurrenzkampf besonders zutage. Ohne Konkurrenzdruck kann eine Mannschaft allerdings nicht bestehen. Natürlich ist es gut, wenn man einen Stammplatz hat (und wer hätte den nicht gerne?), aber es ist genauso wichtig, dass man weiß, das keiner unentbehrlich ist. Das motiviert und bewahrt uns Spieler davor, faul zu werden.

In der brasilianischen Nationalmannschaft aber gibt es unter den Spielern enge Freundschaften. Insbesondere für uns Brasilianer, die wir in Europa spielen, ist es immer wieder eine besondere Freude, mit dem Nationalteam unterwegs zu sein. Dort trifft man alte Freunde. Wir entdecken dann schnell wieder unsere gemeinsame Stärke und erinnern uns auch rasch wieder an die brasilianische Spielweise, die uns in der Bundesliga doch manchmal aus taktischen Gründen verwehrt wird. Die Mentalität der Brasilianer ist nun mal nicht europäisch, und wenn wir bei der „Selecao“ sind, kommt alles wieder zurück, und wir entdecken unsere Spielfreude und den Spaß, den man auf dem Platz haben kann.

In der gesamten Bundesliga gibt es übrigens ganz guten Kontakt unter den Brasilianern. So habe ich neben Cacau guten Kontakt zu Bordon, Dedé, Evanilson, Marcelinho - und zu Lucio ja ohnehin. Wenn wir in der Bundesliga gegen Teams spielen, in denen auch Brasilianer kicken, tauschen wir uns nach den Spielen immer aus und erzählen uns das Neueste aus unseren Familien. Schließlich sind wir ja alle ziemlich weit weg von unserer Heimat.

Mit Zuversicht von Rio zu Bayer

Aber kommen wir nach diesem kurzen Ausflug ins Persönliche und Private wieder zurück zur Bundesliga. Als ich in Rio de Janeiro spielte, rief mich eines Tages mein Manager an und sagte mir, dass sich Leute aus Deutschland angekündigt hätten, die mich unbedingt für ihren Verein verpflichten wollten. Solche Verhandlungen vorzubereiten und zu führen ist die Hauptaufgabe meines Managers. Ansonsten habe ich eigentlich nicht viel mit ihm zu tun. Es gibt sicher Spieler, die mehr Kontakt mit ihrem Manager haben und mit ihm sogar von Kindesbeinen an befreundet sind. Bei mir ist das anders. Ich habe nur Kontakt mit ihm, wenn er einen Vertrag für mich aushandelt.

Nun brachte er mich also mit dem Leverkusener Manager Reiner Calmund zusammen. Ich muss gestehen, dass mein erster Gedanke war: „Zumindest scheint es in Deutschland genug zu essen zu geben ...“ Als er dann in seiner ureigenen Art noch anfing, mir die Vorzüge von Leverkusen mit Händen und Füßen zu erläutern, dachte ich zunächst: „Mensch, ist der nervös, so wie der mit den Armen rudert!“ Ich sollte eines Besseren belehrt werden, denn schon nach kurzer Zeit merkte ich im Gespräch, dass Calmund ein ernsthaftes Interesse an mir als Spieler hatte. Auch wurde mir klar, dass hier nicht ein Manager vom Schlage „Cash-Man“ vor mir saß, sondern jemand, der versteht, wie man mit Spielern umgehen muss. Ein echter Profi! In meiner Zeit in Leverkusen habe ich Reiner Calmund noch besser kennen und schätzen gelernt. Ich halte ihn für einen der besten Manager des Profi-Fußballs!

Damals erläuterte er mir, dass Bayer 04 Leverkusen einen besonderen Spieler für die linke Außenbahn brauchte. Sie hätten mich bereits in meiner Zeit bei Portuguesa beobachten lassen, und sie wollten mich unbedingt haben. Er wusste auch, dass mein Engagement bei Real Madrid überwiegend auf der Ersatzbank stattgefunden hatte. Leverkusen hatte mich schon lange im Visier. Ich war beeindruckt von der Art, wie Reiner Calmund Leverkusens Interesse vortrug. Vielleicht hat damals auch ein bisschen die Tatsache mitgespielt, dass Bayer 04 Leverkusen schon langjährige Erfahrungen mit brasilianischen Spielern hatte. Als ich 1998 zu Bayer wechselte, spielte bereits Emerson dort. Ihn kannte ich aus der Nationalmannschaft.

Ich hoffe sehr, dass sich die Investition für Bayer Leverkusen gelohnt hat, denn nach anfänglichen Eingewöhnungsproblemen habe ich doch mit einigen Kabinettstückchen und vielen Torvorlagen für schöne Spiele gesorgt. Calmund jedenfalls versorgte die Presse mit reichlich Vorschusslorbeeren über mich: „Er ist ein absoluter Glanzpunkt, ein brasilianischer Fußball-Exot, der in seiner ersten Saison schon sehr stark spielen wird", diktierte er den Journalisten in die Schreibblöcke.

Luciana und ich hatten das Gefühl, dass Gott uns in Deutschland haben wollte. Obwohl, über Deutschland wusste ich eigentlich nicht viel. Klar, meine Mannschaftskameraden aus der Nationalelf hatten mir einiges erzählt. Ich kannte auch die Namen der Spieler, die bereits bei Bayer 04 gespielt hatten. Ich sollte der neunte „brasilianische Farbtupfer" beim Werks-Club werden.

Einige brasilianische Spieler hatten mir davon berichtet, dass es in Deutschland immer kalt sei. Als ich dann schließlich im August 1998 in Frankfurt auf dem Flugplatz landete, dachte ich: „Das Klima ist doch eigentlich ganz in Ordnung!“ Den Winter sollte ich erst noch kennen lernen. In Brasilien würden vereiste Trainingsplätze schon als ein Wunder betrachtet werden.

Mein erster Eindruck von Deutschland war positiv, und auch der Verein präsentierte sich sehr professionell. Die Art und Weise, wie Reiner Calmund und die anderen Verantwortlichen des Vereins mich begrüßten, ist mir sehr nahe gegangen. Calmund ist ein Mensch mit einem unvergleichlich großen und guten Herzen. Ich hatte von Anfang an ein positives Gefühl, und das wurde nicht enttäuscht. Auch mein Landsmann Emerson, mit dem ich in der ersten Saison gemeinsam in Leverkusen spielte, half uns, schnell in Deutschland heimisch zu werden. Obwohl ich schon sagen muss, dass der erste Winter ein Erlebnis war, das ich mir so nicht ausgemalt hatte …

Natürlich bin ich nicht nach Leverkusen gekommen, um auf der Bank zu sitzen. Man hatte mir gesagt, dass ich Stammspieler sein würde, doch beim ersten Spiel war ich nicht dabei. Ich sollte erst einmal die deutsche Spielweise kennen lernen und das

Spiel gut beobachten. Und schließlich musste ich mich ja auch erst in die Mannschaft eingewöhnen. Aber ab dem zweiten Spieltag gehörte ich zur Stammelf und absolvierte in meiner ersten Saison mit Bayer Leverkusen 32 Spiele. Dass ich darüber hinaus noch vier Tore schoss, machte mich besonders glücklich.

„Kann man denn in Leverkusen, dieser hässlichen kleinen Industriestadt, überhaupt glücklich sein?“, wurde ich einmal provozierend von einem Reporter gefragt. Er kam mit Sicherheit nicht aus der Gegend, denn sonst hätte er eine solche Frage nicht gestellt. Wir bewohnten ein Haus in einem Dorf namens Hitdorf und haben uns da sehr wohl gefühlt. Manchmal habe ich einfach vor Freude gelacht, wenn ich morgens in mein Auto gestiegen bin, um zum Training zu fahren. Was ging es uns doch gut! Vor allem erinnere ich mich gerne an unsere brasilianischen Grillpartys im Garten. Da lag so manches Pfund Rindfleisch auf den glühenden Kohlen, und wir hatten viel Spaß dabei. Mit Emerson, Robson Ponte und Paulo Rink von Bayer Leverkusen und den Dortmunder Spielern Dedé und Evanilson bildeten wir eine richtige Grill-Familie. Wenn wir mit rhythmischer Musik und südamerikanischem Rap so richtig in Fahrt gekommen waren, mimte ich auch schon mal den Clown oder spielte mit einem Mikrofon in der Hand Reporter. Wir haben uns bei solchen Gelegenheiten krankgelacht.

Die erste Saison in Deutschland 1998/1999 lief für mich hervorragend. Wir wurden hinter den stark dominierenden Bayern aus München Vize-Meister. Mit 15 Punkten Vorsprung ließen die Münchner in dieser Saison das gesamte Feld hinter sich. Aber wir machten auch einige Superspiele! Zum Beispiel fuhren wir im Oktober 1998 den höchsten Auswärtssieg in der Geschichte des Vereins ein: 8:2 auf dem Bökelberg in Mönchengladbach! Ich glaube, die hatten sich unter „guter Nachbarschaft“ etwas anderes vorgestellt ...

Vom Siegen und Verlieren

Jeder will Erfolg haben, das ist menschlich. Wenn ich ein Spiel verliere, dann werde ich sehr traurig. Das merkt dann auch meine Familie. Aber man muss über Niederlagen hinwegkommen und immer wieder die Chance sehen, beim nächsten Mal als Sieger vom Platz zu gehen. Gerade während einer Fußballsaison muss man sich jedes Mal neu vor Augen führen, dass die Meisterschaft nicht mit einem Spiel gewonnen oder verloren wird, sondern dass alle Spiele gut sein müssen. In der Bundesliga hat man die Möglichkeit, vierunddreißigmal als Sieger vom Platz zu gehen. Natürlich klappt so etwas nie, aber man sollte es immer anstreben. Ich will einfach nicht verlieren, deshalb bin ich nach einer Niederlage im ersten Moment immer etwas deprimiert.

Ich kann es nicht nachvollziehen, wenn die Medien oder auch Mannschaftskollegen einzelne Spieler in der Luft zerreißen oder vor der Öffentlichkeit niedermachen, nur weil sie schlecht gespielt haben oder sich vielleicht zum falschen Zeitpunkt haben auswechseln lassen. Es gewinnen immer alle, und es verlieren immer alle! Ich werde nicht auf Spieler ärgerlich, die vielleicht mal nicht so gut gespielt haben. Fußball ist ein Mannschaftsspiel, und auch, wenn es einige herausragende Spieler in einer Mannschaft gibt, so steht letztlich das ganze Team auf dem Rasen und gewinnt oder verliert.

Man kann Erfolge nicht erzwingen, das haben wir gerade mit Bayer 04 Leverkusen mehrmals erlebt. Siege müssen auf eine ganz natürliche Weise kommen. Ich glaube, dass der wichtigste Faktor auf dem Weg zum Erfolg die Kameradschaft im Team ist. Man muss sich gegenseitig unterstützen und helfen. Das hängt natürlich auch vom Trainer ab, wie er ein Team einstellt und wie es trainiert wird. Wenn die verschiedenen Puzzlesteine zusammenpassen, hat eine Mannschaft 90 % Chancen, zu gewinnen.

Besonders wichtig ist der Teamgeist in der Mannschaft. Wenn der nicht vorhanden ist, dann ist eine Elf wie ein Auto mit kaputtem Motor. Du kannst zwar noch tanken, du kannst immer wieder versuchen, das Auto zu starten, aber der Motor läuft einfach nicht. Teamgeist bringt alle dazu, dass sie in eine Richtung arbeiten. Dabei ist wichtig, dass sich niemand über die anderen stellt oder nur sich selbst wichtig nimmt. Alle müssen dasselbe Ziel haben. Brasilien hat immer guten Teamgeist bewiesen, was dazu geführt hat, dass wir fünfmal Weltmeister geworden sind und den Confed-Cup 2005 in Deutschland gewonnen haben. Auch die Südamerika-Meisterschaft und der erste Platz in der WM-Qualifikation (wenn auch erst am letzten Spieltag) sind ein Ergebnis von Teamgeist.

Natürlich gibt es immer wieder auch Spieler, die nur an sich denken. Sie wollen unbedingt jedes Tor schießen, weil sie dann in der Presse gut rauskommen. Andere wiederum haben das Wohl der Mannschaft im Blick. Wenn jeder so denken würde, wäre das eine gute Basis für den Erfolg einer Mannschaft.

Sieg oder Niederlage, das hat natürlich auch Auswirkungen auf das Bild, das in der Öffentlichkeit vom einzelnen Spieler gezeichnet wird. An einem Spieltag der Held, am nächsten Spieltag bereits nach 20 Minuten ausgewechselt - auch so etwas kommt vor! In der deutschen Medienlandschaft werden die Spieler oft in der Luft zerrissen, wenn sie nicht gut spielen.

Eigentlich sehe ich aber Kritik grundsätzlich positiv. Nur durch Kritik wird man besser. Aber sie muss konstruktiv sein. Dann kann sie helfen, dass man auf dem Boden bleibt und nicht denkt, man sei jetzt der „Weltstar in Person". Konstruktive Kritik macht mich mit Sicherheit stärker.

Richtig hart wird es, wenn man kurz vor einem großen Erfolg steht und dann verliert. So etwas kann einen fürs Leben prägen, wenn man das nicht sehr schnell abschüttelt und wieder nach vorne schaut. Ohne Erfolg ist auch die Harmonie in einem Team schnell vorbei. Da fällt es schwer, die Ruhe zu bewahren und vernünftig zu bleiben. Es ist eben immer wieder hart, nicht als Sieger vom Platz zu gehen. „Niederlagen schweißen zusammen!", so hat es Ottmar Hitzfeld einmal formuliert.

Eine Niederlage für mich war es, als ich trotz guter Leistungen keine Berücksichtigung in der brasilianischen Nationalelf fand und mir die Weltmeisterschaft 2002 im Fernsehen anschauen musste. Unsere Saison mit Bayer Leverkusen im Jahr 2002 war nun wirklich nicht schlecht, aber der brasilianische Trainer Scolari wollte mich nicht mit zur WM nach Japan/Südkorea nehmen. Ich war ganz schön sauer! Ich hatte eine Supersaison hinter mir mit einigen richtigen Traumspielen. Ich hatte immerhin 17 Torvorlagen gegeben. Und dann ließ Scolari mich einfach zu Hause ...

Die Saison 2001/2002 war vielleicht die beste in der gesamten Vereinsgeschichte von Bayer Leverkusen. Wir hatten eine Super-Meisterschaftsrunde gespielt, waren in der Champions League im Endspiel, standen außerdem im Pokalendspiel. Aber Scolari hatte die Nationalmannschaft schon lange im Kopf - ohne mich.

1998 hatte ich zum engeren Kreis der Nationalspieler gehört und war davon ausgegangen, 2002 in Japan und Korea ganz sicher mit dabei zu sein. Aber es sollte eben anders kommen. Heute, mit dem Abstand von einigen Jahren, sehe ich das viel gelassener. Ich danke Gott, dass ich heute wieder zum Stamm der Nationalmannschaft gehöre und mit großer Wahrscheinlichkeit bei der WM in Deutschland dabei sein werde. Normalerweise ändert man ein Siegerteam nicht, aber ich darf heute zum Team gehören. Das ist ein weiteres Zeichen für mich, dass Jesus es gut mit mir meint.

Mit Mario Zagallo, dem Trainer der WM-Elf von 1998, verband mich eine besondere Beziehung. Er mochte meine Spielweise. Zagallo ist der erste Akteur der WM-Geschichte, der sowohl als Spieler (1958 in Schweden und 1962 in Chile) wie auch als Trainer (1970 in Mexiko) Weltmeister wurde. Das ist außer ihm nur noch Franz Beckenbauer gelungen. Ich traf Zagallo nach meiner Nichtberücksichtigung durch Scolari in Krefeld, dort fand ein Benefizspiel zugunsten von Straßenkindern statt. Eine Weltauswahl um Jorghinho und Wynton Rufer spielte gegen den gerade frisch gebackenen Deutschen Meister Borussia Dortmund. Zagallo sagte bei der anschließenden Pressekonferenz, er halte es für einen Fehler, dass Scolari mich nicht zur WM mitnehmen würde. Das war Balsam für meine wunde Seele.

Nach der WM 2002 hat Zagallo übrigens noch einmal für ein Spiel die „Selecao" betreut. Wir spielten gegen Südkorea - und natürlich durfte ich spielen. Das hat mich so gefreut, dass ich zum besten Spieler auf dem Platz wurde! Ich gab einen Traumpass auf Ronaldo zum 1:1 und schoss danach selbst noch ein Tor, das allerdings wegen Abseits nicht gegeben wurde. Wir verschafften Zagallo schließlich mit einem 3:2-Sieg einen Abschied nach Maß.

Dieses Spiel war noch aus einem anderen Grund sehr wichtig für mich: Da es das letzte Spiel unter Zagallo war, hatte es in unserem Heimatland natürlich eine überdimensionale Aufmerksamkeit. Ich wollte mich durch dieses Spiel unbedingt dem neuen Nationalcoach Carlos Alberto Parreira empfehlen. Wer in der brasilianischen Nationalelf spielen darf, ist übrigens mehr als ein Sieger. Schließlich gibt es eine ganze Menge guter brasilianischer Spieler. Wenn einer es in die erste Elf schafft, dann muss er extrem dafür kämpfen, dass er auch in der Mannschaft bleibt, denn jede Position ist doppelt und dreifach gut besetzt.

Wenn ich auflaufe, dann will ich auch gewinnen. Zumindest versuche ich das. Aber wie nicht nur Fußballer wissen, besteht das Leben nicht nur aus Siegen. Für mich als Christ haben Siege und Niederlagen immer auch mit Gott zu tun. Deshalb bete ich immer dafür, dass geschieht, was er will.

Für die Vereine und Verbände ist es natürlich äußerst wichtig, erfolgreich zu sein. Die Vereine investieren große Summen in Spieler, damit die Teams auch gewinnen. Aber die Rechnung geht nicht immer auf. Zum Beispiel hat Real Madrid in den letzten Jahren sehr viel Geld in die Mannschaft gesteckt, aber das bedeutete nicht, dass sie auch erfolgreich spielte. Wir müssen einfach erkennen, dass Fußballer auch nur Menschen sind, die ihre Arbeit mal sehr gut und mal weniger gut machen. Keiner verliert freiwillig! Für mich ist es wichtig, aus Niederlagen zu lernen und beim nächsten Mal die Sache besser zu machen.

J...

Nach dem brasilianischen Sieg bei der WM in Japan/Südkorea spielten sich unglaubliche Szenen im Stadion ab! Die Brasilianer waren völlig aus dem Häuschen! Viele Spieler wechselten ihre Trikots gegen T-Shirts mit Botschaften wie: „Jesus lebt!" Lucio und einige andere Spieler knieten spontan am Spielfeldrand nieder und dankten Gott. Im Fernsehen kommentierte der Reporter Béla Réthy das Spiel im ZDF und sagte, dass es sich dabei wohl um einen Zauber oder ein heidnisches Ritual handele.

Da kann man nur mit dem Kopf schütteln. In Deutschland scheinen einige Reporter vom christlichen Glauben nicht viel mitbekommen zu haben. Die brasilianischen Spieler haben sich bei Gott für ein tolles Spiel und zwei schöne Ronaldo-Tore bedankt. Christen bedanken sich eigentlich nach jedem Spiel bei Gott, egal, ob es gewonnen oder verloren wurde. Dass wir miteinander beten, ist ebenfalls ein ganz normaler Vorgang. Gewöhnlich machen wir das nach einem Spiel in der Kabine. Nach dem WM-Sieg war es anders, denn Lucio und die anderen taten es öffentlich auf dem Spielfeld. Vielleicht wollten sie vor aller Welt deutlich machen, wem sie den Sieg verdankten.

Dieser Dank fiel umso herzlicher aus, weil vor dieser WM keiner Brasilien auf seiner Siegerliste hatte. Ähnlich wie beim deutschen Team standen wir nicht besonders hoch im Kurs und waren für viele nicht einschätzbar. In der Qualifikation hatte es Brasilien gerade so in die Endrunde geschafft. Viele meinten daher, dass für dieses Team wohl nach den ersten Gruppenspielen Schluss sein dürfte. Aber es sollte anders kommen. Lucio, Cacá und die anderen Christen im Team gingen mit der Einstellung in die WM, dass Gott das Unmögliche möglich machen konnte. Und so geschah es ja auch.

Etwas Ähnliches haben wir auch nach dem Gewinn des Confed-Cups im Sommer 2005 in Deutschland gemacht. Wir wollten einfach von Jesus erzählen und auf ihn hinweisen. Wir hatten während des gesamten Turniers im Mannschaftsquartier Bibelstunden. Wir haben miteinander gebetet und in der

Bibel gelesen. Diese Gottesdienste haben uns den Kopf freigemacht, weil wir uns nicht mehr verbissen auf uns und unser Spiel konzentriert, sondern von uns selbst weg zu Gott geschaut haben. Wir haben zum Beispiel Gott darum gebeten, dass er die Mannschaft gewinnen lässt, die ihm anschließend die Ehre geben würde. Und nach dem Sieg waren wir in der Pflicht. Wir alle - und damit meine ich nicht nur die Christen im Team, sondern wirklich alle Spieler - sind auf dem Spielfeld niedergekniet und haben Gott für diesen Sieg gedankt. Wir haben Gott verherrlicht und nicht uns selbst in den Mittelpunkt des Geschehens gestellt. Das hat für Aufsehen gesorgt. Die Zuschauer auf den Tribünen und - wie ich später gehört habe - auch viele Fernsehzuschauer wussten zuerst überhaupt nicht, was da los war. Normalerweise läuft ein Siegerteam mehrere Ehrenrunden. Doch die Brasilianer knieten auf dem Rasen nieder und beteten miteinander.

Einige Journalisten fragten uns, wie es denn sein könnte, dass ein mehrfacher Weltmeister, der gerade die Mini-WM gewonnen hat, sich selbst so erniedrigt, um einem anderen zu danken. Das war aber genau der Effekt, den wir erzielen wollten. Wir haben damit die Öffentlichkeit vielleicht ein bisschen verwirrt, aber viele waren von dieser Geste mitten im Siegestaumel angerührt. Wir haben nicht uns selbst und unsere tolle Leistung gefeiert, sondern Gott gedankt.

In der Bundesliga habe ich nach Toren oder besonders guten Spielen auch immer die Gelegenheit genutzt, darauf hinzuweisen, wem ich mein Fußballtalent verdanke. Auf meinem Unterhemd standen dann Botschaften wie „Jesus liebt dich!“ oder „Jesus lebt“ oder auch „Jesus ist treu“. Und nicht nur ich hatte mir das zur Angewohnheit gemacht, auch die anderen brasilianischen Christen schrieben Botschaften auf ihre T-Shirts. Mir war immer bewusst, dass mein Glaube auch Auswirkungen auf meine Spielweise haben musste. Wenn ich auf den Platz gehe, denke ich nicht nur an den „Sieg um jeden Preis“. Ich möchte fair bleiben, möchte nicht mit üblen Tricks arbeiten und keinen Sieg „erschleichen“. Wenn ich auf den Platz gehe, dann bitte ich Gott nicht nur um den Sieg, sondern vor allem um Bewahrung vor Verletzungen. Vielleicht bin ich für einige Gegenspieler einfach zu schnell, sodass sie mich nur durch Fouls stoppen können. Die Verletzungsgefahr empfinde ich immer als groß. Dabei ist es auch wichtig, dass ich nicht Gleiches mit Gleichem vergelte. Ich weiß, dass wir Fußballer für viele Jugendlichen Vorbilder sind. Deshalb achte ich darauf, wie ich spiele und wie ich mich nach einem Spiel verhalte.

Ich habe die T-Shirts getragen, weil ich den Fans etwas mitzuteilen hatte. Als ich in der Saison 2001/2002 Tore schoss, konnte ich den Leuten zeigen, dass Jesus nicht nur mich, sondern auch sie liebt. Jesus liebt wirklich jeden von uns! Wir können zu ihm eine gute Beziehung aufbauen. Dazu steht sehr viel in der Bibel. Jesus hat eine Brücke zwischen Gott und den Menschen geschlagen und hat uns damit einen Traumpass fürs Leben gespielt. Das wollte ich mit den Botschaften auf meinen T-Shirts deutlich machen.

Ab der Saison 2002/2003 hat die Deutsche Fußball-Liga (DFL) jegliche religiöse Aussagen unter dem Trikot verboten. Das muss man sich mal vorstellen! Deutschland ist schon ein eigenartiges Land! Für jeden Blödsinn darf geworben werden, jeder noch so komischen Weltanschauung wird nachgelaufen, aber wenn Christen auf ihren Glauben hinweisen, dann fühlen sich einige anscheinend bedroht. An alles darf geglaubt werden, nur nicht an Gott! Der kommt einem vermutlich auf einmal so nahe. Wenn Trainer mit einem stinkenden blauen Pullover auf der Bank sitzen, weil er ihnen anscheinend Glück bringt, wenn er bis zur nächsten Niederlage nicht gewaschen wird, wenn Trainer selbst bei schönstem Sommerwetter einen Schal tragen, nur weil sie sich davon Glück erhoffen, dann sagt niemand etwas. Wenn aber Brasilianer ihre Freude und ihren Dank Gott gegenüber ausdrücken, dann muss ein Gremium darüber entscheiden, dass das nicht gestattet ist. Lachhaft, wenn es nicht so traurig wäre. Das Nachrichtenmagazin „Focus" bezeichnete diese Verordnung als „Anti-Jesus-Verordnung". Profis, die dagegen verstoßen, müssen vom Schiedsrichter im Spielbericht erwähnt werden.

Aber Gott findet immer Wege, dass wir auf ihn aufmerksam machen können. Nachdem das Verbot ausgesprochen wurde, hatte mein Freund Cacau eine zündende Idee. Heute trägt er unter seinem Trikot ein T-Shirt, auf dem einfach steht: „J..."

Ich weiß nicht, ob ein Schiedsrichter in seinem Spielbericht jemals niedergeschrieben hat: „Spieler Cacao lüftete sein Trikot und trug darunter ein T-Shirt mit dem Buchstaben J." Ich könnte mir sogar vorstellen, dass einige der Verbandsleute mit einer solchen Nachricht gar nichts anfangen können. Nur die Fans, die wissen genau, wer damit gemeint ist. Und das genügt!

Der Abstiegskampf der Saison 2002/2003 war bis zum letzten Spieltag spannend. Leider hing mein vorheriger Verein ganz böse im Abstiegsstrudel, und fast hätte es Bayer Leverkusen erwischt! Nach dem 1:0-Sieg in Nürnberg stürmten die Spieler auf den Leverkusener Fanblock zu. Mein brasilianischer Freund Lucio zog damals sein Trikot aus, und auf seinem Unterhemd stand in großen Buchstaben: „Danke, Jesus . . .!“

Ich glaube, alle Fans konnten das in diesem Augenblick voll und ganz nachvollziehen.

Eine Mannschaft wird geformt

Fußball ist im Laufe der Jahre zu einem gigantischen Wirtschaftszweig geworden. Es geht um sehr viel Geld. Wer kann es einem Spieler verdenken, wenn er seine Fähigkeiten für denjenigen einsetzt, der am meisten dafür bezahlt? Würden Arbeiter nicht auch ihre Stelle wechseln, wenn sie für die gleiche Arbeit einen besseren Lohn erhielten? Für Fußballspieler spielt es natürlich auch eine Rolle, wo sie sich am besten präsentieren können, und daher ist es verständlich, wenn sie Top-Angebote von Clubs annehmen, die um die Meisterschaft mitspielen. Ab einem gewissen Grad spielt Geld als Motivation aber keine Rolle mehr. Es gibt nichts Schöneres für einen Fußballer, als in einem erfolgreichen Team zu spielen! Daher stehen die sportlichen Ziele eigentlich immer über den finanziellen. Was bringt es denn einem

Spieler, wenn er ein dickes Gehalt bezieht, aber immer nur Zuschauer auf der Tribüne ist? In meiner Zeit bei Real Madrid wäre ich auch nicht glücklicher gewesen, wenn der Manager angeboten hätte, ich würde eine Erschwerniszulage erhalten, weil der Trainer mich immer auf der Bank sitzen lässt. Eher hätte ich auf Gehalt verzichtet, wenn ich dann hätte spielen können.

Die Saison 2001/2002 war eine ganz besondere. Zum einen wurde nicht mehr so laut von Titelambitionen gesprochen. Zum anderen hatte Bayer Leverkusen eine Mannschaft, die den schönsten Fußball der Liga zelebrierte. Dass am Ende dann nur dreimal die Vize-Meisterschaft dabei heraussprang, birgt eine gewisse Tragik in sich. Aber darauf komme ich später noch zu sprechen.

Das Schöne am Fußball ist, dass eine Mannschaft aus zwanzig bis fünfundzwanzig Spielern besteht, die jeder für sich zum Gesamterfolg beitragen müssen und trotzdem nicht alleine gewinnen können. Eine gut funktionierende Mannschaft braucht die Lauten und die Leisen, die Künstler und die Arbeiter, die Wasserträger und die Ballvirtuosen, die Kaltschnäuzigen und die Sensiblen. Auch wenn einzelne Spieler immer wieder in den Vordergrund gestellt werden, so brauchen sie andere, die sie in Szene setzen. Wäre Gerd Müller alleine zum „Bomber der Nation“ geworden? Sicher nicht. Hätte ein Günter Netzer sein geniales Spiel aufziehen können, ohne gute Mitspieler zu haben? Auch wenn das brasilianische Spiel völlig anders angelegt ist, so haben auch wir Brasilianer nicht nur die Ballkünstler in unserer Mannschaft. Ein Dunga hat eine völlig andere Spielweise als ein Roberto Carlos. Wie viele Ronaldos verträgt eine Mannschaft? Lucio spielt völlig anders als ich. Es geht nur gemeinsam.

Erfolgreiche Trainer schaffen es, aus einem Haufen von Individualisten eine Mannschaft zu formen, indem sie die Stärken eines jeden Einzelnen so einsetzen, dass sie sich ergänzen. Mit Heynckes, Daum, Vogts, Toppmöller, Hitzfeld und Magath habe ich bisher sehr unterschiedliche deutsche Trainer-Charaktere kennen gelernt. Toppmöller und Hitzfeld sind die beiden Trainer, die eine ähnliche Mentalität verkörpern und eine ähnliche Philosophie haben. Sie reden sehr viel mit den einzelnen Spielern und vermitteln ihnen Vertrauen. Das macht die Spieler stark. Wer weiß, dass der Trainer hinter einem steht und von den Qualitäten überzeugt ist, geht völlig anders in ein Spiel. Toppmöller und Hitzfeld sind

Trainer, die eine Gruppe sehr gut zusammenführen und zusammenschweißen können. Und Felix Magath ist ein Trainer, der es schafft, eine Mannschaft fit zu machen.

Mich hat Felix Magath wirklich auf Vordermann gebracht! So wie bei ihm hatte ich bisher noch nie trainiert. Aber es lohnte sich. Früher war ich zum Ende der Saison immer müde und kaputt. Ich hatte keine Reserven mehr. Durch die Saisonvorbereitungen von Magath bin ich viel besser in die Saison gestartet und hatte am Ende deutlich mehr Power und Fitness als früher.

Der beste Beweis für Magaths Fähigkeiten sind Lucios und mein Auftritt beim Confed-Cup im Sommer 2005. Man konnte den Unterschied zwischen uns beiden und anderen Spielern der brasilianischen Elf sehen. Zum Beispiel Kaka. Der musste in jeder Halbzeit ausgewechselt werden, weil er einfach platt war.

Es hat sich sehr viel geändert beim FC Bayern München. Ottmar Hitzfeld hatte mit der Mannschaft schon viele Titel gewonnen - und vielleicht hat das dazu geführt, dass einige Spieler satt waren. Als Felix Magath kam, wollte er viel erreichen. Er kam mit dem Ziel, die Siegermentalität zurück in die Mannschaft zu bringen. Die Öffentlichkeit und die Fans hatten Druck gemacht und wollten endlich wieder Sieger sehen. Magath hat den Druck auf die Mannschaft übertragen, sie fit gemacht und das herausgekitzelt, was an Qualitäten vorhanden war. Dabei hat er eher die Mentalität eines Generals. Das Training läuft bei ihm auf Kommando. Aber mit ihm wurden die Karten neu gemischt, und mit seiner Art hat er die Siegermentalität in den Club zurückgebracht. Ich glaube, dass Magath genauso erfolgreich sein wird wie Hitzfeld. Er wird mit dem FC Bayern noch Geschichte schreiben.

Der Trainer der brasilianischen Nationalmannschaft ist wiederum ganz anders als Felix Magath. Ihre Philosophie unterscheidet sich stark. Wo Magath extremen Wert auf Fitness legt, ist für Parreira die Technik der Spieler wichtig. Er führt sehr viele taktische Trainingseinheiten mit dem Team durch und studiert Spielzüge und Laufwege mit uns ein.

Für mich ergänzt sich das sehr gut. Die deutsche Art, Fußball zu spielen, hat sehr viel mit Kampf zu tun. Ich habe viel in Deutschland gelernt, vor allem, was das Defensivverhalten angeht. Ich konnte schon immer sehr gut dribbeln, aber ich habe in Deutschland gelernt, mit Kraft zu spielen. Mein Zweikampfverhalten hat sich stark verbessert. Heute kann ich sowohl offensiv als auch defensiv spielen. Das ist mir in Deutschland beigebracht worden.

Jede Mannschaft braucht unterschiedliche Typen. Was kann der beste Vorbereiter bewirken, wenn seine Flanken nicht verwertet werden können? Meine Einstellung zum Spiel erleichtert vieles für mich, denn ich will meinen Mitspielern wirklich dienen. Das ist reine Kopfsache. Alles andere erfolgt dann fast wie von selbst. Aber manchmal stehe ich mir auch selbst dabei im Wege, mehr Tore zu erzielen. Wenn ich im Strafraum den Ball bekomme, suche ich zunächst einmal den besser postierten Mitspieler, zu dem ich flanken kann. Manchmal sind es nur Sekunden, und schon ist die Chance auf ein Tor weg. Vielleicht sollte ich selbst öfter einmal einfach draufhalten.

Eine glückliche Zeit im Süden

Trotz der Rivalität auf dem grünen Rasen gibt es gute Geschäftsbeziehungen zwischen Bayer und Bayern. So sind schon viele Spieler von Bayer 04 Leverkusen zum FC Bayern München gewechselt. Darunter waren auch die Brasilianer Jorginho und Paulo Sergio, Letzterer nach einem kleinen italienischen Intermezzo beim AS Rom. Auch andere Bayern-Spieler wie die Brüder Nico und Robert Kovac oder Bernd Dreher hatten schon mal in Leverkusen gespielt.

Mit Michael Ballack und mir wechselte im Sommer 2002 gleich ein gut aufeinander eingespieltes Doppelpack an die Isar. Nach mir kam noch mein Freund Lucio aus Leverkusen.

Seitdem ich beim FC Bayern spiele, versuche ich, mich möglichst kontinuierlich zu steigern. Nicht immer gelingt das, und es sind auch schon mal schwächere Spiele dabei. Aber ich versuche immer, mein Bestes zu geben. Ich hoffe, dass ich bisher etwas von dem Vertrauen zurückgeben konnte, dass die Verantwortlichen in mich setzten.

Ich habe ja bereits gesagt, dass Fußball immer auch eine Angelegenheit des Kopfes ist. Dabei ist entscheidend, ob sich ein Spieler in seiner derzeitigen Lebenssituation wohl fühlt oder nicht. Da ist es wichtig, dass der Verein sich auch darum sorgt, wie es den Spielern außerhalb des Platzes geht. In München wird das vorbildlich praktiziert. Ich fand ein vorbereitetes Feld vor. Mit Jorginho, Elber, Sergio und Pizarro wurden südamerikanische Spieler verpflichtet, die schon in Europa gespielt hatten, bevor sie zum FC Bayern kamen. Mit Roque Santa Cruz holten sie einen damals 17-jährigen Spieler aus Paraguay, dessen Integration ebenfalls gut lief. Andere Spieler, die direkt aus Brasilien nach München kamen, hatten da eher Probleme. Ich hörte, dass Anfang der neunziger Jahre Mazinho und Bernado deutlich größere Schwierigkeiten hatten. Und Adolfo Valencia aus Kolumbien legte wohl auch keinen besonderen Wert darauf, die deutsche Lebensart zu lernen.

Der Ablauf einer typischen Arbeitswoche sieht

folgendermaßen aus: Es wird jeden Tag trainiert, so dass wir gut vorbereitet in das Spiel am Wochenende gehen können. Beim FC Bayern wird normalerweise einmal am Tag trainiert, dienstags und mittwochs auch zweimal. Wenn wir sehr müde und kaputt sind, lassen wir uns massieren, damit die Muskeln für den nächsten Tag in guter Verfassung sind. Wichtig sind auch die Trainingslager, die normalerweise am Tag vor den Spielen stattfinden. Wir bleiben zusammen und konzentrieren uns voll auf das nächste Spiel. Die medizinische Abteilung und der Koch arbeiten einen Speiseplan für uns aus. Alles ist darauf ausgerichtet, dass wir körperlich und mental gut vorbereitet ins Spiel gehen können. In den Wochen, in denen wir in der Champions League spielen, wird ein bisschen weniger trainiert, damit wir nicht ausgepowert in die Spiele gehen.

Durch meinen Wechsel nach München hegte ich natürlich auch wieder Hoffnungen, endlich mal einen Titel gewinnen zu können. Bayern München war schon siebzehnmal Deutscher Meister! Dreimal hat der Verein ein Double aus Meistertitel und Pokal geschafft. Mit Bayer Leverkusen hatten wir immerhin bereits ein Triple vollbracht, aber eben nur ein Vize-Triple. Ich hatte es einfach satt, zu kämpfen und zu kämpfen, bloß um am Ende wieder nur Zweiter zu sein. Wenn mich jemand fragte, warum ich denn nun beim FCB spielte, flachste ich immer: „Um endlich mal einen Titel zu holen!" Dass das sowohl in der Saison 2002/2003 als auch 2004/2005 im Double gelang, hat mich dann in der Tat sehr glücklich gemacht. So etwas ist gut fürs Selbstbewusstsein, und - wie mehrfach erwähnt - braucht ein Fußballer das, um Spitzenleistungen bringen zu können.

Der größte Unterschied zwischen Leverkusen und München ist der, dass der FC Bayern die Möglichkeiten hat, in erfahrene Spieler zu investieren. München kauft Spieler, die bereits einen Namen haben. Leverkusen hilft Spielern, sich einen Namen zu machen. Für mich war es sehr gut, dass ich zunächst in Leverkusen gespielt habe. Es waren vier schöne Jahre. Aber heute bin ich auch froh, so erfolgreich in München spielen zu können.

Immer am Ball: Worauf es bei der WM ankommt

Der Countdown läuft! Bald wird sich Deutschland für mindestens vier Wochen im Ausnahmezustand befinden! Das hat sich schon bei dem großen Interesse gezeigt, als im Dezember die Auslosung der Gruppen durchgeführt wurde. Ich glaube, dass Deutschland eine leichte Gruppe erwischt hat. Sie spielen zu Hause und müssen gegen Mannschaften antreten, die kaum WM-Erfahrungen haben. Ich denke, den Deutschen ist das auch bewusst, es hat sich bei der Auslosung auf den fröhlichen Gesichtern der Verantwortlichen gezeigt. Ich glaube, dass Deutschland ohne große Anstrengung ins Achtelfinale kommen wird.

Für Brasilien sieht es vielleicht etwas anders aus. Wir haben mit Japan, Kroatien und Australien eine mittelstarke Gruppe. Der Vorteil wiederum ist, dass wir gegen Mannschaften antreten müssen, gegen die wir in letzter Zeit schon gespielt haben. Der Nachteil ist, dass wir dabei nicht immer gut ausgesehen haben. Gegen Japan haben wir im Confed-Cup unentschieden gespielt. Eigentlich hätten wir verloren, aber der Schiri hat den Japanern ein Tor nicht gegeben. Auch gegen Kroatien haben wir zuletzt unentschieden gespielt. Und Australien hat sich in der Qualifikation gegen Uruguay durchgesetzt. Uruguay gehörte bisher immer zu den Mannschaften, die eigentlich bei jeder Weltmeisterschaft dabei waren. Vielleicht ist unser schwierigster Gegner in dieser Gruppe Kroatien.

Wir werden auf keinen Fall abheben, sondern uns auf jeden der Gegner konzentriert vorbereiten. Ich glaube aber, dass Brasilien trotzdem ganz gute Chancen hat, ins Achtelfinale zu kommen. Und danach werden wir weitersehen ...

Carlos Parreira, unser Trainer, sieht die deutsche Nationalmannschaft als einen der Hauptkonkurrenten. Dasselbe denkt auch Jorginho. Aus seiner Sicht spielt der Heimvorteil eine große Rolle.

Doch neben den Siegen oder Niederlagen finde ich noch etwas anderes sehr wichtig. „Die Welt zu Gast bei Freunden", heißt das Motto der WM. Ich hoffe, dass die Fans aus aller Welt das auch tatsächlich erleben werden. Es wird ja bereits diskutiert, wie man Rassismus verhindern kann. Für mich ist Rassismus das Schlimmste, was es im Sport geben kann. Ich selbst habe noch nicht spüren müssen, wie das ist, ein Opfer von Rassismus zu sein, aber in meinem Bekanntenkreis kenne ich viele, die so etwas erlebt haben. Da kommt es auch nicht unbedingt auf den Bekanntheitsgrad an. Roberto Carlos ist zum Beispiel öfter Opfer rassistischer Übergriffe geworden. Grafite, der bei São Paulo spielt, ist auf dem Spielfeld von einem argentinischen Spieler mit rassistischen Parolen konfrontiert worden. Oft sind auch afrikanische Spieler Opfer von Rassismus. Ich finde daher Anti-Rassismus-Kampagnen sehr wichtig. Wir sind alle Menschen, egal, welche Hautfarbe wir haben, von welchem Volksstamm wir stammen oder aus welcher Nation wir kommen. Ich bin der Meinung, dass die FIFA hohe Strafen aussprechen sollte, wenn sich Spieler oder Funktionäre an jeglicher Art von Rassismus beteiligen. Der Kampf um den Titel sollte mit sportlichen Mitteln ausgetragen werden und nicht mit Verbalattacken.

Jeder möchte Sieger des Turniers werden. Deutschland, Frankreich, Italien, Holland und Argentinien sind neben Brasilien heiße Anwärter auf den WM-Titel. Und die anderen Teams werden sich natürlich alle erdenkliche Mühe geben, den fünffachen Weltmeister Brasilien zu jagen und möglichst bald auszuschalten. Ich kann verstehen, dass das besonders reizvoll ist. Wir können es zum sechsten Mal schaffen, aber automatisch gewinnen auch wir nicht. Und gerade Deutschland wird alles daransetzen, im eigenen Land den Titel zu holen.

Wie bei der letzten WM und wie auch beim Confed-Cup werden im brasilianischen Mannschaftsquartier wieder Bibelstunden stattfinden. Wir haben zwei Betreuer, die das koordinieren. Das gemeinsame Gebet ist sehr wichtig für den Teamgeist. In der Bibel werden wir aufgefordert, immer und überall zu beten. Auch wenn wir bei unserer Arbeit sind! Der Kontakt zu Gott kann immer gehalten werden. Unser Trainer hat uns bisher darin unterstützt und die Bibelkreise nie verboten, obwohl er selbst kein Christ ist. Aber er sieht ja die positive Auswirkung unserer Gebete auf die Mannschaft.

Einer meiner Lieblingsbibelverse heißt: „Ich kann alles durch den, der mich stark macht: Jesus Christus." Der Glaube an Gott hat mein Leben geprägt und mir vieles ermöglicht, von dem ich früher geträumt habe. Warum sollte das nicht auch bei der Weltmeisterschaft 2006 so sein?

Schon am Ende der Träume?

Wenn sich so viele Träume im Leben erfüllen, reicht es dann nicht langsam mal? Ich hoffe, es ist in diesem Buch klar geworden, dass ich die Erfüllung meiner Träume immer im Zusammenhang mit Gott sehe. Ich danke Gott dafür, dass er mir so viele Träume erfüllt hat - aber ich habe trotzdem noch einige: Ich möchte mit dem FC Bayern München die Champions League gewinnen! Und natürlich mit Brasilien Weltmeister werden!

Dazu ist es wichtig, dass ich meine Talente immer noch weiterentwickele. In Brasilien spielt man sehr viel mit dem Ball. In Deutschland habe ich dagegen gelernt, taktisch zu denken und auch Defensivaufgaben zu übernehmen. Wir Brasilianer denken beim Fußball immer an den Ball, die Deutschen denken an Raumdeckung, Zweikampf und Taktik. Ich will noch vieles ausbauen und möchte immer besser werden. Insofern ist für Euphorie kein Platz. Ich möchte mich noch steigern und das Zusammenspiel mit meinen Mannschaftskameraden weiter verbessern.

Lernen, das ist es auch, was ich jungen Fußballspielern empfehle. Nicht unbedingt nur auf dem Fußballplatz, sondern vor allem in der Schule. Jeder träumt und sollte seinen Träumen nachjagen, aber es kann auch sein, dass sie nicht wahr werden. Dann ist es gut, wenn man etwas gelernt hat, das einen am Leben erhalten kann. Deshalb ist Schule sehr wichtig.

Wer im Fußball weiterkommen will, der sollte auf seinen Trainer hören, denn der Trainer ist derjenige, der einen weiterbringen kann. Er kann dir etwas beibringen. Und noch ein Tipp für junge Spieler ist: Lernt von den anderen! Schaut euch an, wie die Stars spielen, welche Tricks sie können und wie sie trainieren.

Wenn ich einmal nicht mehr aktiv bin, möchte ich gerne Straßenkindern die Möglichkeit geben, professionell Fußball zu spielen. Natürlich möchte ich bis dahin selber noch viele schöne Spiele machen und so manchen Traumpass vorlegen. Wie gesagt, es gibt noch Träume, die ich habe: Bei der WM 2006 in Deutschland will ich unbedingt mit Brasilien spielen.

Und es wäre für mich ein besonderes Erlebnis, womöglich mit Brasilien gegen Deutschland im Endspiel zu stehen! Und bei aller Freundschaft würde ich dann gerne an Oliver Kahn vorbei den Ball im Netz versenken! Diese WM wird mit Sicherheit etwas ganz Besonderes. Ich hoffe, dass ich gesund bleibe und dann mit dem brasilianischen Nationalteam auflaufen kann.

Nach der WM habe ich mehrere Möglichkeiten. Mein Vertrag beim FC Bayern läuft im Juni 2006 aus. Den könnte ich verlängern. Auf der anderen Seite gibt es aber auch andere interessante Angebote. Im Moment mache ich mir jedoch nicht allzu viele Gedanken darüber. Ich bitte Gott, dass er mir zeigt, wohin mein Weg mich führt. Ich weiß heute noch nicht, wohin die Reise nach der WM gehen wird.

Aber ein Wunsch bewegt mich: Ich möchte immer das tun, was Gott für mein Leben für richtig hält! Denn er hat mein Leben bisher in jeder Beziehung reich gemacht. Als ich angefangen habe, das zu schätzen, was in der Bibel steht, hat Gott auch angefangen, meine Träume zu schätzen. Und er hat viele meiner Träume wahr werden lassen! Ich habe immer geträumt, aber bevor ich eine Beziehung zu Gott hatte, war die Erfüllung meiner Träume immer weit weg. Als ich anfing, Gott ernst zu nehmen, hat Gott sich an die Erfüllung meiner tiefsten Träume begeben. Ich wollte immer Fußballprofi werden, und heute spiele ich bei einem der besten Vereine der Welt!

Ich führe das darauf zurück, dass ich mit Gott ernst gemacht habe und seitdem meine Lebensgestaltung auf ihn ausrichte. Von diesem Zeitpunkt an hat Gott mein Leben verändert, und ich kann es dankbar aus seiner Hand nehmen.

Teamcheck

Jorginho und Zé Roberto über das brasilianische Team

Als WM-Spezial geben Jorginho, Weltmeister von 1994, und Zé Roberto im Folgenden ihre Meinung zu verschiedenen Spielern der brasilianischen Nationalelf ab. Jorginho hat 154 Bundesligaspiele für Bayer Leverkusen und den FC Bayern München absolviert und dabei 15 Tore erzielt. Er hat insgesamt 98 Länderspiele für Brasilien bestritten und gehörte zur Weltklasse auf dem rechten Außenflügel. Seit 2002 hat er ein eigenes Sport- und Erziehungszentrum in Rio. Zurzeit ist er Trainer des FC America Rio de Janeiro und träumt davon, irgendwann einmal Trainer in Europa – vielleicht sogar in der deutschen Bundesliga – zu werden.

Über Zé Roberto meint Jorginho: „Zé Roberto ist ein sehr moderner Spieler. Er verfügt über die Technik der Brasilianer, hat aber inzwischen auch die Disziplin eines Deutschen verinnerlicht. Er hat in Deutschland immense Fortschritte gemacht. Er ist vorzüglich im Zweikampf, ist aber auch kreativ, wenn es nach vorne geht. Er gibt gute Flanken, kann auch selbst Tore machen und ist intelligent. Er ist einer der wichtigsten Spieler der brasilianischen Nationalmannschaft. Wir haben viele gute Spieler im Team, sodass man sich in Brasilien immer wieder die Frage stellt, warum nicht alle Superspieler gleichzeitig spielen. Es gibt auch Leute, die meinen, dass Zé Roberto diesen Superspielern weichen sollte. Aber das darf nicht passieren, denn Zé Roberto ist wichtig für die Mannschaft, ein ganz besonderer Spieler. Die anderen Spieler sind in der Offensive sicher hervorragend, aber wenn es darum geht, auch einmal zu verteidigen, dann sind sie nicht so gut wie Zé Roberto. Er ist ein moderner Spieler, der in verschiedenen Situationen sehr gut ist. Er hat Mut auf dem Platz."

Zur WM meint Jorginho: „Deutschland hat gute Chancen auf den Titel, auch wenn das Team nicht so stark ist wie 1990. Der Heimvorteil aber macht es zum Favoriten. Die Spieler werden von der einzigartigen Atmosphäre im eigenen Land am meisten profitieren. Und mit Klinsmann hat der DFB den richtigen Trainer geholt. Er weiß, wie man mit einer Mannschaft bei der Weltmeisterschaft umgehen muss. Vielleicht fehlt Deutschland der ganz große Spielmacher, der wirklich frei agieren kann, weil er keine besonderen Aufgaben erfüllen muss. Michael Ballack ist das aus meiner Sicht nicht, denn der ist eher für die Offensive zuständig.

Teamcheck durch Jorginho (Jorge) und Zé Roberto (Zé)

Dida, Torwart, AC Mailand

(Zé) Er ist ein sehr guter Torwart, vielleicht einer der besten der Welt. Er ist zurückhaltend, professionell, und seine Geschichte ist der meinen ausgesprochen ähnlich. Er kommt auch aus einem Armenviertel, hat große Schwierigkeiten gehabt, um dahin zu kommen, wo er jetzt ist. Er ist ein lieber und offener Mensch, sehr nett und unkompliziert im Umgang. Er steht sicher auf demselben Niveau wie Oliver Kahn, obwohl die beiden vom Typ her grundverschieden sind. Die Mentalität ist komplett anders.

Mit Dida kann man vielleicht etwas anders umgehen als mit Oliver Kahn. Oliver ist eher introvertiert.

Lucio, Abwehr, FC Bayern München

(Zé) Lucio ist auch eher zurückhaltend und introvertiert. Er bleibt in seinem Element, aber das versteht er äußerst gut. Er ist ein ausgewogener, ausgeglichener Profi, der sich aber als Abwehrspieler hervorhebt. Als Mensch ist er sehr genau. So ist er - im Gegensatz zu mir - immer pünktlich. Er ist unheimlich gut organisiert und zuverlässig. Ich habe manchmal den Eindruck, er benimmt sich schon wie ein Deutscher. Aus meiner Sicht ist Lucio einer der besten Abwehrspieler der Welt.

(Jorge) Ich habe noch nie einen Spieler mit einem solchen Siegeswillen gesehen! Er will immer gewinnen! Die Art und Weise, wie er auf dem Platz agiert, ist sehr zielgerichtet. Wenn der Ball in seiner Nähe ist, will er ihn auch erreichen. Er konzentriert sich und ist Fußballer mit seinem ganzen Herzen. Es ist wunderbar, wie er Fußball spielt! Aus meiner Sicht ist er einer der besten Abwehrspieler der Welt.

Cicinho, Abwehr, FC São Paulo

(Zé) Ich kenne ihn nicht wirklich gut. Er ist ja sehr jung und hat die Zukunft noch vor sich. Er ist ein Spieler, der einmal Cafú beerben könnte. Ich glaube, dass Cafú nach der WM vielleicht aufhören wird. Dann wäre Cicinho mit Sicherheit einer der Kandidaten für die direkte Nachfolge.

Cafú, Abwehr, AC Mailand

(Jorge) Für mich ist er auf der rechten Außenbahn der beste Spieler der Welt. Er spielt seit 13 Jahren in der Nationalmannschaft und hat alle Rekorde erzielt, die es gibt. Er spielte dreimal hintereinander im WM-Finale. Er ist Stammspieler und hat von allen die meisten Spiele für Brasilien gemacht. 2006 wird sicher seine letzte WM sein. Ich habe damals auf seiner Position auf der rechten Außenbahn mehr wie Cicinho gespielt und viel mit Flanken gearbeitet. Cafú geht auch mal nach innen und spielt durch die Mitte. Für mich ist er der beste Verteidiger der Welt.

Edmilson, Abwehr/Mittelfeld, FC Barcelona
(Jorge) Er ist mein persönlicher Freund. Wir haben zusammen bei São Paulo gespielt. Ich freue mich für ihn, dass er im Nationalteam aufgestellt ist. Sein damaliger Trainer hat ihm prophezeit, dass er niemals in der Nationalmannschaft spielen wird. Das war natürlich Quatsch, denn Edmilson ist ein Superabwehrspieler. Er hat es geschafft und ist ins Team gekommen. Edmilson ist zweikampf- und kopfballstark, und er hat für einen Abwehrspieler eine sehr schöne Technik. Auch im zentralen Mittelfeld macht er eine gute Figur. Er kann sowohl mit rechts als auch mit links spielen. Ein interessanter Spieler!

Roberto Carlos, Mittelfeld, Real Madrid
(Zé) Er ist einer der erfahrensten Spieler im Team. Wir haben ja gemeinsam bei Real Madrid gespielt. Alles, was es im Fußball zu gewinnen gibt, hat er gewonnen. Im Umgang ist er extrem locker, immer gut für einen Scherz. Er albert immer irgendwie rum, ist aber doch sehr liebenswert. Roberto ist ein charismatischer Typ. Auf den ersten Blick wirkt er vielleicht etwas arrogant - so meinen es zumindest einige Zuschauer. Aber das stimmt ganz und gar

nicht. Er ist wirklich ein netter Mensch. Wer ihn nicht kennt, hat anfangs eher einen schlechten Eindruck von ihm. Aber wer ihn besser kennen lernt, wird sofort auf seiner Seite sein.

Emerson, Mittelfeld, Juventus Turin
(Zé) Emerson ist für mich wie ein Bruder! Wir haben zusammen bei Bayer Leverkusen gespielt, und wir haben wie in einer Familie zusammengelebt. Oft haben wir zusammen gegessen, und ich habe miterlebt, wie seine Tochter aufgewachsen ist. Wir haben unglaublich viel miteinander erlebt und immer Spaß gehabt. Als Spieler ist er einer der besten auf seiner Position. Er hat viel Erfahrung, sodass man ihn leicht älter schätzt, als er in Wirklichkeit ist.

Juninho Pernambucano, Mittelfeld, Olympique Lyon
(Zé) Ihn kenne ich nicht so gut, weil wir uns immer nur bei der Nationalmannschaft sehen. Er ist von den Spielern, die ich bis jetzt beobachtet habe, einer, der am besten Freistöße schießt. Der „Herr der ruhenden Bälle“. Wenn er sich den Ball für einen Frei-

stoß hinlegt, dann ist das fast schon ein „halbes Tor". Er ist menschlich sehr nett, und man kommt super mit ihm klar. Auch wenn er auf den ersten Eindruck meistens recht ernst wirkt, ist er doch ein umgänglicher Typ. Man kann schnell mit ihm gut Freund sein.

Ronaldinho, Mittelfeld, FC Barcelona

(Jorge) Sehr jung und hat eine wunderbare Technik! Er ist ein Ballzauberer und sehr intelligent. Er darf nicht in Zweikämpfe verwickelt werden. Wenn er frei ist, dann explodiert er förmlich und zeigt seine ganze Klasse. Er entfacht immer ein Superspektakel, wenn er frei an den Ball kommt. Ein Ausnahmespieler im brasilianischen Team.

(Zé) Ich glaube, er ist auf seiner Position der beste Spieler der Welt. Früher hätte ich Zidane vorgezogen, aber wie Ronaldinho spielt, das ist einfach Weltklasse. Und er steigert sich immer noch.

Kaka, Mittelfeld, AC Mailand

(Zé) Er ist in den letzten Jahren als Persönlichkeit, aber auch als Spieler gewachsen. Ein Mensch mit einer absolut professionellen Einstellung. Er ist noch jung. Wir sind immer zusammen, wenn wir uns bei den Länderspielen treffen, weil er auch Christ ist. Gemeinsam mit Lucio, Edmilson, Ricardo Oliveira, Gilberto und einigen anderen lesen wir oft gemeinsam die Bibel und beten zusammen.

Ronaldo, Stürmer, Real Madrid

(Zé) Er ist für mich einer der drei Spieler, die ich am meisten bewundere. Die beiden anderen sind Zidane und Maradona. Er ist außergewöhnlich, vor allem, wenn man bedenkt, dass er schon zwei Knieoperationen hinter sich hat. Er trägt seinen Spitznamen „das Phänomen" zu Recht.

(Jorge) Ja, er ist wirklich phänomenal! Wenn er spielt, macht er auch meistens ein Tor. Er ist pfeilschnell, hat eine wunderbare Technik. Er ist Stammspieler und ganz wichtig für unser Team.

Robinho, Stürmer, Real Madrid

(Zé) Ebenfalls ein junger Spieler, der aber schon sehr viel versprechend ist. Er hat ein außergewöhnliches Talent. Mit Sicherheit kann er es so weit bringen, dass er mal zu einem der besten Spieler der Welt wird. Er hat noch die ganze Zukunft vor sich und spielt dazu bei einem exzellenten Club. Doch, Robinho wird noch oft in den Schlagzeilen auftauchen!

(Jorge) Unser Star von morgen! In zwei Jahren ist er Weltklasse. Auch er verfügt über eine gute Technik und ist ein ausgesprochener Mannschaftsspieler. Robinho hat eine große Trickkiste, die er während des Spiels immer mal wieder auspackt. Ich glaube, er ist auf dem besten Weg, in die Weltklasse aufzusteigen.

Adriano, Stürmer, Inter Mailand

(Jorge) Ein starker Spieler! Sehr zweikampfstark. Für jeden Abwehrspieler ist er eine „harte Nuss“, und wenn er zum Schuss kommt, dann ist das wie eine Granate! Er hat einen Hammerschuss! Beim Confed-Cup hat er ausgezeichnet gespielt. Er ist kopfballstark und einer der besten Stürmer der Welt.

Daten und Fakten

Brasilien

Weltrangliste: Platz 1

Spiele gegen Deutschland: 20 Spiele, 12 Siege, 5 Unentschieden, 3 Niederlagen

Größte Erfolge: FIFA-Weltmeister 1958, 1962, 1970, 1994, 2002

VIZE-Weltmeister 1950, 1998

FIFA-Confederations-Cup-Sieger 1997, 2005

Sieger der Copa América: 1919, 1922, 1949, 1989, 1997, 1999, 2004

Stars:

Pelé, gilt als „Bester Fußballer aller Zeiten", dreimaliger Weltmeister

Garrincha, Dribbelkünstler und Weltmeister 1958 und 1962

Carlos Dunga, Weltmeister 1994

Romario, Star der Weltmeisterelf von 1974
Ronaldo, Weltmeister 1994 und 2002, Weltfußballer des Jahres 1996, 1997, 2002
Zico, „der weiße Pelé“, dreimaliger WM-Teilnehmer, aktueller Trainer von Japan
Mario Zagallo, Weltmeister als Spieler, Trainer und als Sportdirektor
Ronaldinho, Weltmeister 2002, Weltfußballer 2004

Zé Robertos Steckbrief

Bürgerlicher Name:	José Roberto da Silva Junior
Geburtsdatum:	06.07.1974
Nation:	Brasilien
Größe:	172 cm
Gewicht:	71 KG
Trikot-Nr.:	11
Schuhgröße:	8
Position:	Mittelfeld, offensives Mittelfeld
Augenfarbe:	braun
Schulabschluss:	Hauptschulabschluss
Hobbys:	Musik, Familie
Lieblingsbuch:	Die Bibel
Motto:	„Meine Kraft liegt in Jesus“

Vereine:

1981 bis 1993 Pequeninos do Joquey
1994 bis 1997 Portuguesa São Paulo
März 1997 bis Dezember 1997 Real Madrid
Januar 1998 bis Juli 1998 Flamengo Rio de Janeiro
1998 bis 2002 Bayer Leverkusen
Seit der Saison 2002/2003 FC Bayern München

Spiele & Tore:

Portuguesa São Paulo	61 Ligaspiele, 1 Tor
Real Madrid	9 Ligaspiele, 0 Tore
Flamengo Rio de Janeiro	
Bayer 04 Leverkusen	113 Ligaspiele, 17 Tore
FC Bayern München	96 Ligaspiele, 5 Tore
A-Länderspiele für Brasilien:	75 Spiele, 4 Tore

(Stand: 20. Dezember 2005)

Erfolge:

Weltmeisterschaft:
1998 Vize-Weltmeister mit Brasilien in Frankreich

DFB-Pokal:

2002 Vize-Pokalsieger mit Bayer 04 Leverkusen
2003 Pokalsieger mit Bayern München
2005 Pokalsieger mit Bayern München

Bundesliga:

2003 und 2005 Deutscher Meister mit Bayern München
1999, 2000 und 2002 Deutscher Vize-Meister mit Bayer 04 Leverkusen
2001 4. Platz mit Bayer 04 Leverkusen

-Die Chroniken von-

Narnia

Nach der von C. S. Lewis gewünschten Reihenfolge, die Chroniken zu lesen (angeregt durch einen begeisterten jungen Leser)

Band 1: **Das Wunder von Narnia**
176 Seiten. ISBN 3-86506-081-1

Band 2: **Der König von Narnia**
160 Seiten. ISBN 3-86506-082-x

Band 3: **Der Ritt nach Narnia**
176 Seiten. ISBN 3-86506-083-8

Band 4: **Prinz Kaspian von Narnia**
192 Seiten. ISBN 3-86506-084-6

Band 5: **Die Reise auf der Morgenröte**
208 Seiten. ISBN 3-86506-085-4

Band 6: **Der silberne Sessel**
208 Seiten. ISBN 3-86506-086-2

Band 7: **Der letzte Kampf**
176 Seiten. ISBN 3-86506-087-8

Die Chroniken von Narnia
7 Bände im Schmuckschuber
ISBN 3-86506-062-5